Wolfgang Gröne

Auf Seereise mit Christoph Kolumbus

Illustrationen von Karin Lindermann

Hase und Igel®

Für Lehrkräfte gibt es zu diesem Buch
ausführliches Begleitmaterial beim Hase und Igel Verlag.

Originalausgabe

www.hase-und-igel.de
Die Schreibweise folgt den Regeln der neuen Rechtschreibung.
Lektorat: Karin Bawidamann
Druck: CPI – Ebner & Spiegel, Ulm

ISBN 978-3-86760-125-2
1. Auflage 2010

Wolfgang Gröne

Auf Seereise mit Christoph Kolumbus

Inhalt

1. Kapitel: Der Sturm

Das Schlimmste war die Kälte. Ihre Hände, die ein glitschiges Stück Holz umfasst hielten, waren blauviolett, die nackten Arme blendend weiß. Ihre Zähne klapperten laut aufeinander und ihr Atem ging stoßweise. Sie zitterte unaufhörlich, ohne dass sie es beeinflussen konnte. Mit Mühe hielt sie ihren Kopf über Wasser und blickte auf die graugrünen Wellenberge, die um sie herum aufstiegen, sie in schwindelnde Höhen trugen, um sie kurz darauf wieder in Wellentäler zu stürzen. Immer wieder tauchte sie unter und kam dann nach Luft schnappend an die Oberfläche.

Rahel blickte auf das Lederband, mit dem ihr linker Arm an ein Stück Mastbaum gefesselt war. Es schnitt tief in ihr nacktes Fleisch. Blut quoll an den Rändern des Bandes hervor und wurde sofort wieder vom Meerwasser fortgespült. Aber seltsamerweise fühlte sie keinen Schmerz.

War das Schlimmste wirklich die Kälte? Oder war es die Einsamkeit? Wenn sie von einer Welle hoch hinaufgetragen wurde, konnte sie weit über das tobende Meer blicken. Doch nirgends sah sie das kleine, schaukelnde Schiff. Nirgends einen Menschen, der wie sie von den Wellen auf und nieder geworfen wurde. Da war nur das tosende, brüllende Geräusch des Windes, das ihre Ohren schmerzen ließ, der salzige Geschmack im Mund, die stechende Kälte. Und die Einsamkeit, die alles beherrschende Einsamkeit.

Bilder rasten ihr durch den Kopf: ihre Familie – Vater, Mutter, ihre zwei Brüder und sie selbst – im Sturm. Zusammengekauert unter einem Mastbaum, der nur noch ein zerfetztes Segel hält, das nutzlos im Wind flattert. Das Ruder ist gebrochen und sie treiben steuerlos dahin. Der Wind nimmt beständig zu und drängt sie mit immer größerer Gewalt auf das offene Meer. Über Tage hinweg. Ihr Vater streitet mit dem Kapitän und die Matrosen, die sich ängstlich im Heck des Schiffes zusammendrängen, beten laut. Auch ihre Mutter und ihre Brüder beten.

Aber all ihr Flehen ist umsonst. Mit lautem Krachen reißt sich die Rah vom Mastbaum los und erschlägt einen ihrer Brüder. Rahel hört das Schreien ihrer Mutter, als eine gewaltige Welle kurz darauf über das Schiff hinwegspült und die Rah samt ihrem Bruder mit sich fortträgt.

Was war dann passiert? Die Erinnerung drohte wie ein flackerndes Licht zu erlöschen.

Ihr Vater! Ja, da war er. Nass bis auf die Knochen. Das schwarze Haar wie dunkles Geäst in seinem Gesicht. Er schreit sie an, um das Brüllen des Sturms zu übertönen. Rahel versteht ihn nicht.

Das Schiff liegt schräg auf der Seite. Es richtet sich nicht mehr auf. Überall versuchen Menschen, sich festzuhalten. Lautes Geschrei, voller Angst, aber Rahel hört es nicht. Wo ist ihre Mutter? Wo ist ihr Bruder?

Ihr Arm wird mit einem Mal zurückgebogen. Ihr Vater bindet ihn an ein dickes Stück Holz. Schmerzhaft schneidet das Leder ins Fleisch und Rahel bettelt ihren Vater an, ihr nicht wehzutun. Doch er hört ihr nicht zu.

Die letzten Bilder: wieder das Gesicht ihres Vaters. Diesmal ganz nah. Er hält Rahels Kopf zwischen seinen Händen. Sie sind nass und kalt. Er küsst sie auf Mund und Stirn, sagt etwas, das im Rauschen der See untergeht. Dann lässt er sie los und Rahel rutscht das nun steil aufragende Deck hinunter. Dann ist sie im Meer und wird hinabgezogen. Als sie strampelnd wieder auftaucht, sieht sie das kleine Schiff. Halb versunken tanzt es auf den Wellen. So weit entfernt …

Rahel hatte kein Zeitgefühl mehr. Stunden, Tage vergingen. Sie hielt den Holzklotz umklammert und ihr festgebundener Arm verhinderte, dass er ihr im Schlaf entglitt.

Das Holz hielt sie über Wasser, am Leben. Irgendwann wurde sie ohnmächtig und das Meer trieb sie fort.

Als sie erwachte, hatte das Brüllen des Sturms aufgehört. Aus den Wellenbergen war eine spiegelnde, blaue Fläche geworden. Auch war ihr nicht mehr so entsetzlich kalt. Dafür kam der Durst. Etwas Wasser schwappte ihr ins Gesicht, in Nase und Mund. Sie schluckte und hustete. Das Wasser war salzig. Ungenießbar. Sie trieb inmitten einer Wasserwüste und durfte nicht trinken. Dazu stand die Sonne hoch am Himmel und brannte erbarmungslos auf sie nieder. Sie war allein. Niemand würde sie retten. Plötzlich wurde ihr klar, dass sie sterben würde. Sie würde angebunden an ein Stück Holz verdursten und verbrennen. Dann verlor Rahel vollends das Bewusstsein …

2. Kapitel: Auf der Santa Maria

Enrique liebte es, vorn am Bug des Schiffes zu stehen. Von hier aus gesehen, schien das Schiff zu fliegen. Ein kleiner Trost, denn Enrique hatte Mist gebaut und war nicht ganz freiwillig an Bord.

Bei seinem letzten Einbruch in der Hafenstadt Palos hätten sie ihn beinahe erwischt. Enrique hatte daher keine andere Wahl gehabt, als möglichst schnell zu verschwinden. Die Stadtwache war ihm dicht auf den Fersen gewesen. Also hatte er auf dem erstbesten Schiff angeheuert, auf der *Santa Maria:* eine Nao, drei Masten, der Rumpf rund wie eine Walnussschale, knapp fünfundzwanzig Meter lang, acht Meter breit. Sie gehörte zu einer Flotte von drei Schiffen, die bald aus Palos auslaufen sollte. Also war er mit seiner Beute, etlichen Goldmünzen, die er in seinem präparierten Gürtel versteckt hatte, an Bord gegangen. Er wurde dem Koch als Gehilfe zugeteilt. Wohin die Reise der *Santa Maria* ging, war Enrique egal. Nur schnell weg von hier. Aber das sollte sich bald als Fehler herausstellen.

Zuerst war es ihm gar nicht aufgefallen. Dann aber stellte er fest, dass die drei Schiffe stetig Richtung Südwest liefen. Also nicht das Mittelmeer, dachte Enrique enttäuscht. Aber wohin ging die Reise dann? Zunehmend beunruhigt über diesen Punkt fragte er schließlich den Koch.

„Auf die Kanaren geht's", antwortete der Alte und entblößte grinsend eine Reihe schwarzer Zahnstummel, als er sah, wie Enrique die halb geschnippelte Rübe vor Schreck fallen ließ.

„Die Kanaren“, stöhnte Enrique, „so ’n Mist. Da gibt’s doch nichts! Die liegen doch kurz vor der Zone ewiger Sonne und Dürre. Was will der Kapitän denn so weit draußen?“

Der Alte zuckte nur kurz gelangweilt mit den Achseln und wendete sich ohne weiteren Kommentar wieder seiner Arbeit zu.

An den Rand der Welt würde er fahren, dachte Enrique gequält. Da wollte er nicht hin – viel zu heiß! Aber jetzt war es zu spät. Sicherlich würden sie auf den Kanaren Waren abladen und dann wieder nach Spanien zurückfahren. Aber er täuschte sich.

Nachdem sie einige Tage auf den Inseln vor der afrikanischen Küste verbracht hatten, ohne etwas abzuladen, stießen die drei Schiffe mit Unmengen an frischem Süßwasser an Bord wieder in See. Aber nicht zurück nach Norden, wie Enrique hoffte, sondern nach Westen. Nach Westen!

Bei Enrique läuteten alle Alarmglocken. Wo war er da nur hineingeraten? Der Kapitän musste verrückt sein. Irgendwo da draußen im Westen lag das Ende der Welt. Abgrund! Schlund! Tosende Tiefe! Aus, Ende, Tod! Waren hier an Bord etwa alle so wahnwitzig wie der alte Koch?

Die Antwort erhielt Enrique nach ein paar Tagen. Die Besatzung wurde auf dem Hauptdeck zusammengerufen. Rund vierzig Mann waren es: Schiffszimmerleute, Küfer, Kalfaterer, Bootsmänner, Matrosen. Auf dem Achterdeck über ihnen erschienen Männer in edler Kleidung, aus deren Mitte sich einer herauslöste und an das Geländer trat.

„Männer!“, rief er und Enrique fiel seine tiefe Stimme auf. Er war mittelgroß, trug einen langen, dunklen Mantel mit Wollkragen und leicht ergraute Haare umwehten seinen Kopf. „Mein Name ist Christoph Kolumbus. Ich stamme aus Genua und stehe im Dienst Ihrer beiden Majestäten Ferdinand von Aragón und Isabella von Kastilien, dem spanischen Königspaar. In Ihrer großen Weisheit haben euer König und eure Königin mich als Admiral dieser Flotte von drei Schiffen ausgewählt, um nach Indien zu gelangen.“

Unter den Matrosen erhob sich verstörtes Gemurmel. Enrique, der genauso durcheinander war wie der Rest der Männer, versuchte seine Angst mit einem Witz zu überspielen. „Nach Indien geht’s da lang!“, sagte er und zeigte hinter sich in Richtung Osten.

Die Männer um ihn herum lachten gequält.

Admiral Kolumbus schien ebenfalls zu lächeln, wie auch die edlen Herren. Langsam hob er die Hand und gebot Stille. „Ich weiß. Das ist der alte Weg. Aber wir segeln nach Westen, um nach dem Osten zu gelangen."

Wieder erhob sich Getuschel. Deutlich war die Missstimmung der Männer zu hören. Rufe wie „Wahnsinn!", „Verrückt!" oder „Selbstmord!" ließen sich vernehmen.

Der Admiral aber schien die Einwürfe zu überhören und sprach ungerührt weiter. „Es ist ein weitverbreiteter Glaube unter euch Seeleuten, dass die Erde eine Scheibe sei. Aber nicht nur ich, sondern alle Gelehrten Spaniens sind sich einig, dass sie rund ist wie ein Apfel. Oder eine Birne. Ein Ei. Es gibt kein Ende. Man kann sie umfahren!"

Ein Matrose, der die meisten anderen fast um Haupteslänge überragte, mit seltsam kantigem und ausdruckslosem Gesicht, erwiderte empört: „Warum sollten wir Euch glauben, Admiral? Niemand ist bis jetzt nach Westen gesegelt. Und wenn, dann kann er uns nichts über seine Reise berichten, weil er ins Nichts gestürzt ist! Warum also müssen wir uns hier Geschichten von Äpfeln und Birnen anhören?"

„Habt ihr euch noch nie gefragt", entgegnete der Admiral, und seine Stimme übertönte das allgemeine Gerede an Deck, „warum der Mast eines Schiffes am Horizont noch zu sehen ist und nicht der Rumpf, wenn ihr es vom Strand aus mit euren Blicken verfolgt, während es davonsegelt? Wäre die Welt flach, müsste beides zur gleichen Zeit aus eurem Blickfeld verschwinden. Ich sage euch: Die Erde ist rund!"

Die Männer blickten sich an und viele nickten.

Der große Matrose aber schüttelte energisch den Kopf. „Ich bleibe dabei, Admiral, wir werden am Rande der Welt hinabstürzen!“

„Nun, Chavez, so musst du allein abstürzen, während wir alle hier unermessliche Reichtümer finden und beladen mit Gold in unsere Heimat zurückkehren werden. Denn das, was uns als Belohnung winkt, ist größer als alles, wovon ihr bisher zu träumen wagtet. Strände mit Diamanten, die von der Brandung umspült werden. Städte, deren Dächer mit Gold gedeckt sind. Gewürze in Hülle und Fülle, die ihr bald in der Heimat mit tausendfachem Gewinn verkaufen könnt. Und nicht nur im Diesseits, sondern auch im Jenseits werdet ihr Schätze anhäufen. Denn ihr werdet dem Herrn neue Christen gewinnen. Und für jede gerettete Seele erhaltet ihr im Himmel reichen Lohn! Was sagt ihr jetzt? Lohnt sich dieses Abenteuer?“

Enrique hatte sich während der Rede des Admirals umgeschaut und ein Leuchten in den Augen vieler Männer entdeckt. Solch ein Leuchten ruft nur das Wort „Gold“ hervor. Zusammen schrien die Männer mit einem Mal „Hurra!“ und schlugen sich gegenseitig auf die Schultern.

Idioten, dachte Enrique und schüttelte wie Chavez den Kopf.

Noch einmal gebot Admiral Kolumbus Ruhe. „Pedro Gutiérrez, der Truchsess des Königs, möchte euch noch etwas sagen.“

Ein hagerer Mann, gekleidet in einen roten Mantel, trat neben Kolumbus und hielt sich mit einer Hand seinen prachtvollen Hut, der sonst vom Wind fortgeweht worden wäre. „Unsere katholischen Majestäten haben mir aufgetragen, demjenigen, der als Erstes Land im Westen sieht, ein lebenslängliches Ruhegehalt von zehntausend Maravedís zu zahlen!“

Erneut erhob sich Jubel und die Männer schienen alle Gefahren vergessen zu haben.

Aber Enrique hörte noch etwas anderes. Ein Rufen, das im fröhlichen Trubel auf Deck unterging. Er blickte den Hauptmast hinauf. Über dem geblähten Segel sah er den Ausguck im Krähennest, der wild gestikulierte und nach vorn deutete. Enrique versuchte, sich auf das Gerufene zu konzentrieren, und hörte schließlich so etwas wie …

3. Kapitel: Rahel

„… Mastbaum voraus!“ Das war es, was der Ausguck rief. Dabei deutete er nach Steuerbord.

Enrique, der nun nicht mehr der Einzige war, der ihn hörte, trat an die Bordwand und sah in die angegebene Richtung. Zwischen den Wellen erblickte er ein längliches Objekt und daran den Körper eines Menschen.

Der Admiral gab Kommando, das Ruder nach Steuerbord zu legen. Langsam trieb die *Santa Maria* auf den Mastbaum zu, während ihre Begleitschiffe, die *Niña* und die *Pinta,* weiter Kurs hielten.

Chavez war indessen über die Reling geklettert und hielt sich an einem Seil fest, während ein Matrose ihm einen langen Fanghaken herüberreichte. Langsam glitt das Schiff auf das im Wasser treibende Objekt zu. Als es längsseits vorbeitrieb, stieß Chavez den Haken in das Holz und zog es an die Rumpfwand. Zwei weitere Matrosen ließen sich an der Bordwand hinab und schlangen Schlaufen um die beiden Enden des Holzes. Dann hievten die Männer den Mast mitsamt des daran hängenden Körpers aufs Deck.

Enrique und die anderen Seeleute blickten auf den bewegungslosen Körper, dessen einer Arm mit einem Lederband an den Mast gefesselt war. Es war ein Mädchen, vielleicht vierzehn Jahre alt. Sie war ohnmächtig. Die nassen, schwarzen Haare klebten ihr im Gesicht und ihre nackten Arme waren weiß wie Schnee.

Der alte Nino hockte sich neben sie und durchtrennte mit einem Schnitt seines Messers das Leder. Ein breiter, roter Striemen wurde sichtbar – darunter rohes Fleisch.

„Wenigstens hat das Salzwasser die Wunde verschlossen“, erklärte er und blickte in die Runde der Männer, die zustimmend nickten.

Jemand drängte Enrique zur Seite. Es war Admiral Kolumbus, gefolgt von einem jungen Mann in einer hellen Lederweste. Er hatte ein schön geschnittenes Gesicht und lockiges schwarzes Haar. Der junge Mann kniete sich neben das Mädchen und legte sein Ohr auf dessen Brust. „Sie lebt“, sagte er, „sie ist nur völlig unterkühlt.“

„Holt ein paar Decken!“, befahl der Admiral. Anschließend wandte er sich an den jungen Mann. „De Torres, was ist das da an ihrem Hals?“

Der Angesprochene strich dem Mädchen die Haare aus dem Gesicht, griff an ihren Hals und hielt etwas in der Hand. „Ein Davidstern, Admiral“, flüsterte er kaum hörbar und blickte zu Kolumbus hinauf, der seine Stirn in Falten legte.

„Ausgerechnet", murmelte der so leise, dass nur Enrique es hören konnte.

„Eine Jüdin!", tönte da eine laute Stimme. Es war Chavez, der den Anhänger gesehen hatte. Er drängelte sich nach vorn und schaute spöttisch auf das Mädchen hinunter. Dann rief er so laut, dass es alle hörten: „Sie ist eine Jüdin! Eine Christusmörderin! Auf unserem Schiff! Braucht ihr noch mehr Beweise, dass Gott nicht mit uns ist? Werft sie zurück ins Meer, wenn ihr euch retten wollt!"

„Chavez!" Schnell trat der Admiral einen Schritt auf ihn zu und hielt ihm die Faust drohend vors Gesicht. „Wenn du nicht augenblicklich still bist, werde ich *dich* von diesem Schiff werfen lassen!"

In Chavez' Gesicht zuckte es kaum merklich. Dennoch hielt er dem Blick des Admirals stand.

„Und nun verschwinde!", zischte Kolumbus und der riesige Matrose drehte sich schweigend um, spuckte aus und ging davon.

Enrique ergriff zitternd das Amulett, das er um den Hals trug, und drückte es. Das tat er immer, wenn er Angst hatte. Ihre Situation war wirklich bedrohlich: Sie waren auf einem Schiff Richtung Weltende unterwegs. Ein Vorhaben, das zweifellos Gott herausfordern würde. Zu allem Unglück hatten sie jetzt auch noch eine Christusmörderin an Bord. Das würde dem Herrn und der Heiligen Jungfrau Maria gar nicht gefallen. Die Juden hatten Jesus immerhin ans Kreuz genagelt. So war es doch. Deswegen waren sie verflucht. Sie wohnten in ihren eigenen Vierteln, verliehen Geld und zelebrierten des Nachts seltsame Rituale, wenn sie nicht gerade Brunnen vergifteten oder Kinder entführten. So erzählte man es sich. Niemand mochte Juden. Niemand kannte Juden. Stopp! Hatte Enrique nicht einmal für einen Juden gearbeitet? Und hatte der ihn nicht viel besser bezahlt als die meisten Christen? Enrique hatte ihn sogar irgendwie gemocht. Vielleicht galt der Fluch nicht für alle Juden. Aber schlimm war es auf jeden Fall, einen an Bord zu haben.

„Vielleicht hat der Matrose gar nicht einmal so unrecht, Admiral. Immerhin ...", hörte man plötzlich eine hohe Stimme.

Enrique blickte zum Achterdeck hinauf. Dort stand Pedro Gutiérrez und schaute zu ihnen hinunter. In seinem roten Mantel sah er aus wie ein Kardinal.

Admiral Kolumbus gebot ihm mit einer Handbewegung Schweigen. „Verehrter Gutiérrez!", rief er ihm zu. „Ich möchte das nicht jetzt besprechen, nicht hier vor den Männern. Wir treffen uns in meiner Kajüte."

Gutiérrez legte den Kopf zur Seite, lächelte dabei schief, drehte sich um und verschwand in Richtung Heck.

Der Admiral wandte sich wieder de Torres zu, schüttelte noch einmal den Kopf und sah dann Enrique an. „Du!", befahl er. „Du hilfst de Torres, das Mädchen in meine Kajüte zu tragen."

Enrique nickte und griff eilig nach den Füßen des Mädchens, während de Torres sie unter den Achselhöhlen anhob. Gemeinsam brachten sie sie unter den Blicken der Matrosen aufs Achterdeck und von dort in die Kajüte des Admirals.

Auf einem Stuhl inmitten des kleinen Raumes saß bereits der Truchsess. Er hatte die Beine übereinandergeschlagen und verfolgte mit gelangweiltem Blick de Torres und Enrique, die das Mädchen in die Koje des Admirals legten. Der trat kurz nach ihnen in die Kajüte.

„Sie braucht jetzt viel Wasser und Wärme“, forderte de Torres, während er ein paar dicke Decken über das Mädchen warf.

„Hörst du nicht?“, wandte sich der Admiral an Enrique. „Geh schnell!“

Enrique verbeugte sich kurz und verließ die Kajüte, schloss die Tür hinter sich und rannte zur Kombüse im Vorderkastell. Dort wartete bereits der alte Nino, der sich angeregt mit Chavez unterhielt und dem verdutzten Enrique wortlos eine Kalebasse Wasser in die Hand drückte. „Das sollst du sicher holen, nicht wahr, mein Junge?“

„Ja, woher weißt du das?“

„Das ist nicht der erste Schiffbrüchige, den ich sehe!“

Enrique nahm die Kalebasse und trug sie zur Kajüte des Admirals. Bevor er die Tür öffnete, hörte er den Admiral mit Gutiérrez streiten. Beide schienen erregt. Enrique lauschte.

Der Admiral sagte: „Ich werde sie *nicht* über Bord werfen. Wenn sie von uns gerettet werden sollte, dann ist das Gottes Wille.“

Darauf erwiderte Gutiérrez: „Oder der des Teufels!“

„Unsinn!“, entgegnete Kolumbus. „Ich habe hier das Kommando. Ihr habt zu gehorchen wie alle anderen auch.“

„Ich gehorche, aber ich heiße Eure Entscheidung nicht gut. Die Männer sind ein Pulverfass! Sie könnten meutern, wenn sie nicht ihren Willen bekommen!“

„Ich kenne Mittel und Wege, eine Meuterei zu verhindern. Ich fahre seit Jahren zur See und musste schon mit ganz anderen Problemen fertig werden."

„Dies ist aber eine völlig neue Situation. Wir brauchen den vollen Rückhalt der Mannschaft. Ohne sie …"

„Überlasst das mir! Ihr habt hier nur eine einzige Aufgabe: mich als Gouverneur aller neuen Länder Asiens einzutragen, sobald wir Land sichten. Deshalb seid Ihr hier an Bord. Und jetzt entfernt Euch!"

Gerade noch rechtzeitig sprang Enrique einen Schritt zur Seite. Die Tür der Kajüte wurde aufgerissen und Gutiérrez erschien. „Mach Platz, du Idiot!", brüllte er und schob Enrique grob beiseite.

4. Kapitel: Hölle und ewige Verdammnis

Leises Getuschel weckte Enrique in der Nacht. Wie der alte Nino schlief auch er in einer Ecke der Kombüse. Heute aber war der Alte wach. Jemand war bei ihm. Enrique schlug die Augen auf und erkannte im Halbdunkel Chavez und dessen Freund Rodrigo de Xeres, der eine wollene Mütze auf dem Kopf trug, durch deren Maschen er einen hölzernen Löffel gesteckt hatte. Die drei flüsterten, sodass Enrique nur ein paar Wortfetzen aufschnappen konnte: „… Unglück … Verderben … Verdammung … Fluch …“ Er setzte sich schlaftrunken auf und die Männer blickten in seine Richtung.

Der Alte winkte ihn zu sich. „Komm her, Enriquello. Setz dich zu uns.“

Enriquello war eine Koseform von Enrique. Nur der Alte nannte ihn so.

Enrique kroch unter seiner Decke hervor und gesellte sich zu den Männern. Rodrigo de Xeres klopfte auf ein kleines Fässchen, auf dem Enrique Platz nahm.

Draußen schlugen die Segel im Wind. Im Wind, der sie immer weiter nach Westen trieb.

„Worüber redet ihr?“, fragte Enrique und schaute neugierig in die Runde.

„Über dieses Schiff, diesen Admiral, das Ziel dieser Reise und über bescheuerte Äpfel“, antwortete Chavez, der mit seinem Messer gerade einen Apfel schälte, ein Stück davon abschnitt und es Enrique reichte. „Und nebenbei über die kleine Jüdin. Ist sie wohlauf?“

„Ja. Sie hatte hohes Fieber, kommt aber langsam wieder zu Kräften. Wieso fragst du, Chavez?“

„Du weißt, die Fahrt nach Westen führt in die Verdammnis. Da gibt's kein Wenn und Aber. Der Admiral fordert unseren Herrn heraus. Und jetzt hat er noch diese verfluchte Christusmörderin an Bord!“ Chavez spuckte aus und stieß sein Messer ins dunkle Holz einer Planke.

„Vielleicht hat der Admiral recht und die Welt ist tatsächlich rund, dann müsste …“, versuchte Enrique zu kontern.

„Glaubst du das etwa? Dieser Kolumbus lügt, Enriquello“, warf der Alte ein und griff seinen Arm. „Sie lügen alle. Das müssen sie, damit wir einfachen Matrosen ihnen folgen. Sie ernten reiche Schätze, wir den Tod. Wir fahren jetzt seit fast zwei Wochen nach Westen. Kein Land! Bald können wir nicht mehr umkehren. Wenn wir das überhaupt noch können. Der Wind kommt beständig aus Ost.“

Chavez beugte sich zu Enrique hinüber und sah ihn mit seinen durchdringenden schwarzen Augen an. „Kurz nachdem wir diese Verfluchte auf unser Schiff geholt haben, gab es doch dieses Zeichen am Himmel …"

Ja, das Zeichen! Enrique erinnerte sich. Sie hatten am Horizont einen Feuerstreifen gesehen, weit im Westen. Viele Matrosen hatten sich bekreuzigt und Gebete gesprochen. Auch Enrique. Es war sehr bedrohlich gewesen.

„… ein Feuerzeichen genau in der Richtung, in die wir fahren. Feuer erwartet uns, will der Herr uns sagen. Feuer bedeutet Verdammnis! Und wir segeln direkt darauf zu. Wahnsinn, sage ich! Direkt in die Hölle!" Chavez bekreuzigte sich, drehte sich zur Seite und spuckte aus.

De Xeres und der Alte nickten zustimmend. Auf Deck rief eine Stimme die neue Stunde aus. Es war Mitternacht.

„Aber das Beispiel des Admirals", flüsterte Enrique kleinlaut, „das mit dem Schiff am Horizont – vielleicht …"

„Ach was!", unterbrach ihn Chavez. „Das beweist nur, dass es irgendwann abwärts geht. Wie auf einem Fluss, der immer steiler in den Abgrund führt. So ist das!" Chavez legte flink seine breite, schwere Hand um Enriques Nacken und zog ihn brutal zu sich heran. „Wenn der Admiral das nicht sieht, müssen wir ihn stoppen! Die Welt ein Apfel, pah! Dass ich nicht lache!" Chavez zerquetschte den Apfel in seiner anderen Hand. „Das halte ich von dieser Apfelgeschichte!"

„Pah!", wiederholte de Xeres.

„Und wie? Wie wollt ihr …?", fragte Enrique zaghaft.

„Es gibt da verschiedene Möglichkeiten. Der Alte hat's mir erzählt." Chavez nahm seine Hand weg und nickte Nino zu. „Erzähl's ihm, Alter!"

Noch leiser als zuvor begann der Koch zu flüstern: „Wir müssen vorsichtig sein, die anderen nach und nach überzeugen. Sie auf unsere Seite bringen. Aber als Erstes müssen wir das Mädchen töten, bevor es uns tötet."

„W-wie?", stammelte Enrique.

„Weißt du, Enriquello. Ich mache das Essen und ich kenne Mittel und Wege, die kleine Hexe wieder über Bord zu kriegen. Dieses Mal aber tot und in ein Leinentuch geschnürt."

„Du willst sie vergiften?" Enrique dachte an das Mädchen in der Kajüte. Sie war hübsch, dunkel und geheimnisvoll. Vor allem aber war sie ein Mädchen, was an sich schon eine Sensation auf einem Schiff war.

Der Alte schaute ihn forschend an und schien seine Gedanken zu erraten. „Meinst du, der Teufel schickt seinen Dämon als alte Vettel auf unser Schiff? Schön muss sie sein, damit wir ihr alle verfallen und sie uns ins Unglück stürzen kann."

„Und ich soll ihr …"

„Genau, du Blitzmerker", schaltete sich Chavez ein, „du bringst ihr das vergiftete Essen. Nur du darfst von uns in die Kajüte. Dann sind wir das erste Problem los. Um den Rest kümmern wir uns. Also – was sagst du?"

Enrique blickte stumm zu Boden. Er war das erste Mal auf einem Schiff. Der alte Nino fuhr schon seit Jahrzehnten zur See. Der kannte sich aus. Und das Mädchen? Nicht umsonst vertrieben der König und die Königin die Juden aus Spanien. Die hatten sicherlich einiges auf dem Kerbholz. – Aber das Mädchen vergiften? „Kannst du sie nicht mit einem Mittel in einen langen Schlaf versetzen oder so?", fragte er den Koch.

„Das wird nichts nützen. Das merkt der Teufel. Das Gift muss tödlich sein, nicht einschläfernd."

„Wieso?"

„Weil's so ist, in drei Teufels Namen", zischte Chavez und bekreuzigte sich. „Stell nicht so dumme Fragen. Machst du jetzt mit oder wählst du ewige Höllenqualen?"

Die Sache mit den Höllenqualen machte Enrique Angst. In die Hölle wollte er nicht. Noch weniger als in den Westen. Auf keinen Fall. Langsam nickte er. „Einverstanden", hauchte er, obwohl er nicht wirklich überzeugt war. „Ich mach's."

„Bist ein guter Junge, Enriquello", lobte der alte Koch und tätschelte väterlich seinen Arm.

5. Kapitel: Auf dem Westweg nach Asien

Seit das Fieber gefallen und Rahel wieder zu Kräften gekommen war, weinte sie. Ihr war elend zumute. Die Erinnerung an den Schiffbruch griff mit kalter Hand nach ihr. Die Bilder kehrten zurück und mit ihnen die Einsamkeit. Nur langsam wurde ihr klar, dass sie gerettet war. Sie lag unter warmen Decken, hörte sanftes Rauschen und spürte das weiche Dahingleiten des Schiffes. Jemand, den sie durch ihre tränenverhangenen Augen kaum erkennen konnte, gab ihr aus einem Becher regelmäßig Wasser zu trinken. Klares, köstliches Wasser. Und nachts wurde sie ab und zu vom Schnarchen des Admirals geweckt, der sich einen Schlafplatz auf dem Fußboden eingerichtet hatte.

Nach und nach wurde ihr Geist wieder rege. Trotz ihrer Traurigkeit blickte sie sich neugierig um: Sie lag in der Kajüte eines Schiffes. Da waren ein Regal, in dem Bücher standen, ein kleiner Tisch mit Schreibutensilien, zwei Stühle und eine große Truhe. Die Kajüte war fensterlos. Nur durch ein paar schmale Schlitze konnte sie das Meer sehen. Dunkelblau. Das Meer! Dieses verfluchte Meer, das ihr alles genommen hatte, was ihr wertvoll gewesen war. Warum war sie nicht im Meer geblieben wie ihre Familie? Sie wollte nicht leben, nicht allein sein. Erschöpft schlief sie wieder ein.

„Ihr müsst trinken!“ Eine Stimme weckte sie, sanft und dunkel. Rahels Kopf wurde leicht angehoben und sie spürte einen Becher an ihren Lippen. Sie öffnete die Augen und erblickte einen jungen Mann. Schwarze Locken kräuselten sich über einer hohen Stirn, die zu einem schmalen, schön geformten Gesicht gehörte. Auf den etwas dünnen Lippen lag ein Lächeln.

„Wo bin ich?“, fragte sie und schob den Becher fort.

„Auf der *Santa Maria*“, antwortete der junge Mann und drängte sie erneut zu trinken.

Wieder verweigerte sich Rahel. „Gibt es noch andere Gerettete?“, flüsterte sie mit einem Funken Hoffnung, der gleich wieder erlosch, als sie das traurige Gesicht ihres Gegenübers wahrnahm. Sie schluckte ihren Schmerz hinunter und fragte leise: „Wie ist Euer Name, Señor?“

„Luis. Luis de Torres. Übersetzer im Dienste der katholischen Majestäten. Und Euer Name, Señora?“

„Rahel de Toledo“, antwortete Rahel und trank endlich.

„Ihr habt lange geschlafen. Geht es Euch jetzt besser?“

Statt die Frage zu beantworten, drehte sich Rahel zur Seite und schwieg.

„Ihr werdet wieder zu Kräften kommen“, sagte Luis de Torres ungerührt und Rahel hörte, wie er sich auf einen quietschenden Stuhl setzte.

Kurz darauf wurde die Tür zur Kajüte unsanft geöffnet. Rahel hörte schwere Schritte. „Nun, de Torres“, sagte eine tiefe Stimme, „wie geht es ihr?“

„Besser, Admiral“, antwortete der Angesprochene. „Wir haben kurz miteinander gesprochen. Ihr Name ist Rahel de Toledo.“

„Also eine Jüdin. Ich muss gestehen, dass mir Gutiérrez ihretwegen ziemlich hart zusetzt. Es ist besser, wenn sie die Kajüte nicht verlässt. Jedenfalls nicht, bis wir Land sichten. Die Männer sind verängstigt. Und Angst ist zurzeit unser größter Feind.“

„Ihr seid ein Meister der Überzeugung, Admiral. Euch wird etwas einfallen, die Männer bei Laune zu halten."

„Wisst Ihr, de Torres, es gibt hier an Bord leider nur wenige, wie Ihr es seid. Ihr glaubt mir."

„Ich vertraue den Zahlen. Wir können Asien erreichen. Ich habe Marco Polo gelesen, John Mandeville und die alten Autoren. Asien ist riesig, unendlich. So muss es sich uns weit entgegenstrecken. Wir werden es schaffen! Über den Westen in den Osten!"

„Nicht alle Gelehrten sind dieser Meinung. Ich habe zu viele Streitgespräche durchstehen müssen, als dass sich nicht auch in mir ein Funken des Zweifels geregt hätte. Dennoch – meine Idee ist richtig! Daher müssen wir alles tun, dass es nicht zu einer Meuterei kommt", erwiderte der Admiral. Und flüsternd, sodass Rahel es kaum verstehen konnte, ergänzte er: „Vor allem, passt mir auf mein Logbuch auf! Darin verzeichne ich die wahre zurückgelegte Wegstrecke. Den Männern verrate ich nur eine erfundene, kürzere Distanz. Das Logbuch darf nicht in die Hände von Gutiérrez gelangen, de Torres. Habt Ihr verstanden?"

Da de Torres nicht antwortete, nahm Rahel an, dass er nickend sein Einverständnis gezeigt hatte.

Was ging hier an Bord vor? Plante dieser Admiral, auf dem Westweg nach Asien zu gelangen? Das bedeutete den sicheren Tod. Rahels Vater war Kartograf gewesen. Sie hatte ihn oft bei seiner Arbeit beobachtet und kannte das Aussehen der Welt. Aber sie erinnerte sich auch, dass er gesagt hatte, dass der große westliche Ozean nicht zu überwinden sei. Zu weit sei der Weg nach Asien. Mit größeren Schiffen, die mehr Proviant aufnehmen könnten, vielleicht. Aber solche Schiffe gab es nicht.

Draußen auf Deck erhob sich plötzlich lautes Geschrei.

„Nicht schon wieder ein schlechtes Vorzeichen“, stöhnte der Admiral. „Begleitet mich, de Torres. Etwas frische Luft wird auch Euch guttun!“

Die Männer verließen eilig die Kajüte und Rahel war allein. Sie wollte wissen, was da draußen los war, und setzte sich mit schmerzenden Gliedern auf die Kante der Koje.

Die Tür war nicht ins Schloss gefallen und Rahel beobachtete, wie zahlreiche Männer auf Deck zusammenströmten und aufgeregt auf das Meer deuteten.

6. Kapitel: Ein grünes Meer

Enrique hatte gerade begonnen, mit dem Alten das Frühstück vorzubereiten, als er durch lautes Rufen aufgeschreckt wurde. Er eilte auf Deck und sah Männer auf beiden Seiten des Schiffes stehen. Sorgenvoll zeigten sie aufs Meer. Als Enrique zwischen sie trat, sah er, was sie in solche Aufregung versetzte: Die See war grün. Bedeckt mit dichtem, grünem Gras, das in leichter Dünung um das Schiff spülte. Die nervös tuschelnden Männer standen in Gruppen zusammen, stritten, beteten und waren fassungslos.

Rodrigo de Xeres ergriff schließlich einen Enterhaken und warf ihn ins Wasser. Sofort zog er ihn wieder an Bord. Er war voller Gras. „Seegras“, stellte er nüchtern fest.

Doch Chavez, der hinter ihm stand, erwiderte schnell: „Schon. Aber in solchen Mengen? Das ganze Meer ist voll davon!“

In der Tat konnte Enrique kein Blau mehr erkennen, sondern nur noch Grün. Die See lag spiegelglatt vor ihnen und die drei Schiffe schienen im Seegras zu schwimmen wie Brotkrumen in dicker, grüner Suppe.

„Wir werden in diesem Grasmatsch stecken bleiben und elendig verdursten, denn Gott zürnt uns!“, rief Chavez so laut, dass es alle hören konnten. „Und das alles nur, weil wir dieses verfluchte Judenmädchen an Bord haben!“

„Gib doch Ruhe, Chavez!“ Der Admiral war auf Deck erschienen und drängte sich durch die Reihen der erschrockenen Männer.

Ihm folgte Luis de Torres. Er nahm de Xeres den Enterhaken aus der Hand und betastete das Gras darauf. „Seegras“, bestätigte er. „Ganz gewöhnliches Seegras.“

„Wir werden darin stecken bleiben, Admiral!“, rief eine ängstliche Stimme.

Dann eine weitere: „Chavez hat recht!“

„Was seid ihr eigentlich für Männer?“, antwortete Kolumbus spöttisch, griff nach dem grünen Matsch und warf ihn im hohen Bogen über die Bordwand. „Etwas Seegras, eine kleine Windstille und ihr macht euch vor Angst in die Hosen.“ Er steckte die Hände in seine Weste und blickte sich belustigt um. „Seegras wächst in Küstennähe. Da sind wir uns doch einig, oder? Und woher kann es dann nur stammen?“

Niemand antwortete.

Enrique überlegte. Sie waren aus östlicher Richtung in dieses Feld hineingefahren. So weit draußen auf See konnte es nur aus dem Westen kommen. „Aus dem Westen?“, fragte er also in die Stille hinein.

„Genau“, erwiderte der Admiral sofort, „und das bedeutet ja wohl, dass es im Westen Land gibt, da es dort in Küstennähe gewachsen ist und dann hierher getrieben wurde, oder?“

Die Männer schauten sich zweifelnd an, während Chavez Enrique unsanft in die Seite knuffte. „Auf welcher Seite stehst du eigentlich?“, zischte er. „Los, bring dem kleinen Satan endlich seinen Teufelsfraß!“ Damit stieß er Enrique in Richtung Kombüse.

„Dort!“, hörte der den Admiral rufen. Enrique drehte sich noch einmal um und sah, wie Kolumbus auf den hinteren Teil des Schiffes deutete. „Dort! Achtern! Seht ihr das?“

Die Köpfe der Männer wanderten in die angegebene Richtung. Enrique traute seinen Augen nicht: Ein Pelikan saß auf der Brüstung und klapperte laut mit seinem Schnabel.

„Pelikane schlafen des Nachts an der Küste“, erklärte der Admiral. „Das bedeutet, dass ganz in der Nähe Land sein muss. Seid ihr also Memmen oder Männer?“

Vorläufig waren es Männer, denn sie gingen ohne Murren zurück an ihre Arbeit. Aber waren sie wirklich beruhigt?

Der Admiral und de Torres jedenfalls stiegen auf das Achterdeck und näherten sich interessiert dem Vogel.

Enrique wollte eben die Kombüse betreten, als er sah, wie sich Gutiérrez scheinbar zufällig neben Chavez gesellte. Die beiden tuschelten miteinander. Nur kurz, dann blickten sie mit einem Mal in seine Richtung und Chavez gab Enrique ungeduldig ein Zeichen, endlich zu verschwinden.

Verwirrt betrat Enrique die Kombüse. Was hatten Chavez und Gutiérrez miteinander zu tun? War der Truchsess auch auf der Seite derer, die nach Spanien umkehren wollten?

„Wo bleibst du denn, Enriquello?", fragte der Alte unruhig, winkte ihn zu sich heran und drückte ihm eine tiefe Schale mit dampfender Suppe in die Hand. „Wir haben doch eine Abmachung, oder?"

Enrique starrte auf die Schale und musste schlucken. Ihm war nicht wohl bei dem, was er da tun sollte. Verdammnis hin oder her.

„Nun geh schon, du Taugenichts", forderte ihn der Alte auf. „Das Gift wirkt langsam. Brauchst es ja nur vor sie hinzustellen. Das war's schon."

Enrique nickte nur leicht mit dem Kopf und biss sich nervös auf die Lippen. Etwas in seinem Inneren sträubte sich. Er blickte dem Alten über die Schulter und sah Rodrigo de Xeres in einer Ecke sitzen. Grinsend blickte er Enrique an, der noch einmal schluckte und mit zitternden Knien die Kombüse verließ. Er überquerte unter den aufmerksamen Blicken von Chavez und Gutiérrez das Deck und stieg die Treppe zum Achterdeck hinauf. Außer den beiden beachtete ihn niemand, als er die Tür zur Kajüte des Admirals öffnete und eintrat.

7. Kapitel: Das Gift

Enrique erspähte das Mädchen im Halbdunkel der Kajüte. Sie lag nicht in der Koje, sondern saß auf deren Rand und blickte ihn aus trüben Augen an. Enrique wollte etwas sagen, aber ein Kloß im Hals machte das unmöglich. Leise stellte er die Schale auf den kleinen Tisch. Er

hatte das dringende Bedürfnis, die Kajüte schnell zu verlassen. Deshalb wendete er sich gleich wieder ab, um zu gehen.

„Was ist das für eine Suppe?", fragte das Mädchen plötzlich.

Enrique blieb verdutzt stehen. „Hä?"

„Was ist das für eine Suppe? Ich muss wissen, was drin ist. Sonst esse ich sie nicht."

„Graupen." Enrique fühlte sich ertappt. „Soviel ich weiß."

„Und Fleisch? Ist Fleisch drin?"

„Nein. Fleisch gibt es nur sonntags. Warum?"

„Weil es nicht koscher ist, wenn es vom Schwein ist."

„Du magst kein Schweinefleisch?"

„Das hat mit mögen nichts zu tun. Ich darf es einfach nicht essen. Es ist gegen meine Religion. Schweine sind unsaubere Tiere, Kamele übrigens auch."

Enrique bekam Bauchschmerzen. Solange er sie nur gesehen hatte, war sie einfach die vom Teufel geschickte Hexe gewesen. Jetzt aber sprach sie mit ihm wie ein ganz normaler Mensch. Sein Gewissen rebellierte. Ein Zittern unterdrückend, das auf seinen ganzen Körper überzugreifen drohte, rief er: „Kein Schwein!" – und stürmte aus der Kajüte.

Als er draußen stand, atmete Enrique tief durch. Wahrscheinlich hatte gerade der Teufel versucht, ihn von seiner Tat abzuhalten. Aber er hatte sich tapfer gewehrt. Am ganzen Leib fröstelnd stieg er die Stufen zum Hauptdeck hinunter.

Vor der Kombüse stand Chavez und versperrte ihm den Weg. Er musterte ihn aufmerksam. „Und?"

„Hab's ihr hingestellt!", antwortete Enrique wütend und schlüpfte an dem großen Mann vorbei.

Rahel blickte auf die dampfende Schale. Aber sie hatte keinen Hunger. Ein leises Geräusch erregte ihre Aufmerksamkeit. Sie schaute in Richtung Tür und sah eine Katze, die ihren Buckel an einem Stuhlbein rieb. Rahel trommelte mit den Fingern auf den Boden. Dabei rief sie: „Miez, miez, miez!"

Die Katze kam zögerlich zu ihr herübergeschlichen und schmiegte sich an ihre Hand. Rahel begann, sie zu streicheln, und bemerkte, dass sie ziemlich abgemagert war. „Na? Du findest hier wohl nicht genügend Mäuse, was?"

Rahel stand auf, packte die Katze am Genick und trug sie zum Tisch. Mit dem Löffel hielt sie ihr etwas von der Suppe hin und die Katze schleckte davon. Der Löffel war noch nicht ganz leer, da fing sie an, am ganzen Körper zu zucken. Dann kippte die Katze um, bäumte sich noch einmal auf und lag dann ganz still da. Aus ihrem Maul trat eine schaumige, gelbliche Flüssigkeit.

Rahel blickte abwechselnd auf den Löffel in ihrer Hand und die reglos daliegende Katze. Sie war wie versteinert.

Die Kajütentür öffnete sich und Luis de Torres trat ein. Als er die tote Katze und Rahel sah, weiteten sich seine Augen. Mit einem Satz war er bei Rahel, riss ihr den Löffel aus der Hand und schleuderte ihn in eine Ecke der Kajüte. „Hast du davon gegessen?", schrie er sie an, ergriff ihre Schultern und rüttelte sie. Rahel blickte ihn verdutzt an und schüttelte benommen den Kopf.

De Torres schob sie vom Tisch weg und beugte sich zuerst über die Katze, dann über die Schale mit Suppe. Mit einer wütenden Handbewegung schlug er die Schale vom Tisch. „Vergiftet!", zischte er. „Die Suppe war vergiftet."

Rahel plumpste kraftlos auf einen Stuhl und starrte auf die Katze. „Der Junge", flüsterte sie. „Der Junge hat mir die Suppe gebracht. Er hat gesagt, dass es Graupensuppe sei."

„Rahel!" De Torres stand mit dem Rücken zu ihr, die Hände auf dem Tisch aufgestützt. „Die Männer auf diesem Schiff sind nicht glücklich darüber, dass wir dich gerettet haben. Sie glauben, eine Jüdin an Bord zu haben, bringt Unglück. Und auf dieser Reise brauchen wir alles Glück dieser Welt."

Rahel war sprachlos. Sie verstand das nicht. Ihre Familie hatte Spanien verlassen müssen. Nun waren sie alle tot. Sie war ganz allein. Gerade vierzehn Jahre alt. Und die Männer auf diesem Schiff hatten Angst vor ihr?

„Aber ich werde nicht zulassen, dass dir etwas geschieht. Das schwöre ich", flüsterte Luis de Torres.

Enrique hatte sich auf sein Lager in der Kombüse gehockt, die Beine angezogen und gewartet. Gleich würde das Mädchen die Suppe essen. Und … sterben. Und er hatte dafür gesorgt. Er war zwar ein Dieb, aber ein Mörder war er nicht. Oder doch? Das Zittern seiner Beine wollte nicht aufhören und er hatte starke Bauchschmerzen. Nur weil dieser Chavez behauptete, sie sei eine Hexe, musste sie noch lange keine sein. Jetzt begannen auch noch seine Zähne zu klappern. Dabei war es so warm. Wenn er eine gottgefällige Tat ausgeführt hatte, warum ließ Gott ihn dann so leiden? – Weil es falsch war … deswegen!

Mit einem Satz schnellte Enrique auf und rannte aus der Kombüse. Er jagte über das Deck und bemerkte gar nicht, dass man ihm überrascht nachschaute. Behände sprang er die Treppe zum Achterdeck hinauf. Er wollte gerade die Tür zur Kajüte aufreißen, hineinstürmen und die verfluchte Suppenschale vom Tisch werfen, als sich Luis de Torres wie ein Racheengel vor ihm aufbaute.

„Dich wollte ich gerade holen, du kleiner Mistkerl!" Enrique wurde am Kragen gepackt und auf Deck zurückgestoßen „Du bleibst hier und rührst dich nicht!"

Enrique blieb am ganzen Leibe zitternd stehen, wo er war. Es wehte ein kräftiger Wind. Die Segel waren prall gebläht und die *Santa Maria*, die *Niña* und die *Pinta* machten gute Fahrt. Die grüne See war so schnell verschwunden, wie sie gekommen war. Enrique blickte de Torres nach, der gestikulierend auf den Admiral einredete. Dabei deutete er immer wieder auf Enrique. Das Mädchen war tot! Und natürlich hatte man ihn unter Verdacht. Er hatte ihr immerhin das Essen gebracht. De Torres würde ihn anklagen. Und der Admiral würde ihn zum Tode verurteilen.

Enrique verfluchte Chavez, den Alten und de Xeres. Hatte der Alte ihm nicht gesagt, dass das Gift langsam zum Tode führen würde? Er hatte das Mädchen umgebracht – und damit auch sich selbst. „Idiot!", schluchzte Enrique und vergrub sein Gesicht voller Scham in seinen Händen.

8. Kapitel: Verraten und verkauft

Zu Enriques großer Überraschung fand de Torres in seinen persönlichen Sachen ein kleines Fläschchen, in dem sich Gift befand. Zur Rede gestellt, schüttelte Enrique nur verwirrt den Kopf. Wie war das dahingekommen? Hatte der Alte es dort versteckt? Oder Chavez? Oder dieser Rodrigo de Xeres? Aber eigentlich war das egal. Sie würden es sowieso abstreiten. Warum hatte er sich nur zu solch einer Todsünde hinreißen lassen? Warum? Enrique schwieg. Was sollte er auch sagen?

De Torres sah ihn lange an und wartete. Als klar wurde, dass aus Enrique nichts herauszubekommen war, flüsterte er: „Du kleiner Narr! Du dummer, kleiner Narr!"

Das Urteil war schnell gefunden. Der Admiral befahl alle Männer an Deck und verkündete seinen Schuldspruch. Aufgrund seiner Jugend ließ Kolumbus Gnade vor Recht ergehen und befahl, Enrique auf dem ersten Land auszusetzen, das sie entdecken würden. Bis dahin sollte er gefesselt und auf halbe Ration gesetzt im untersten Teil des Schiffes auf die Vollstreckung seiner Strafe warten.

Enrique, der inmitten der Männer stand, entdeckte Chavez. Neben ihm standen der alte Nino und Rodrigo de Xeres mit versteinerten Gesichtern. Nur Chavez schien leicht zu lächeln.

Nach der Urteilsverkündung brachte man Enrique unter Deck. Eine schmale Leiter führte tief in den Schiffsbauch hinab. Mit verbundenen Händen stolperte Enrique die letzten Stufen herunter und fiel unsanft zwischen einige Säcke und Fässer. Ein Schmerz durchzuckte ihn. Er war mit der Stirn irgendwo angeschlagen. Man packte ihn und er wurde mit Ketten an die Schiffswand gefesselt. Dann ließen die Männer ihn allein.

Im Laderaum war es finster und stickig. Ein scheußlicher Geruch nach verdorbenem Proviant und fauligem Wasser erfüllte die Dunkelheit, als die Luke krachend über seinem Kopf zufiel. Um ihn herum knarrte das Holz des Rumpfes im ständigen Auf und Ab der Wellen. Enrique fühlte sich allein und verloren. In einem fremden Land wollte man ihn zurücklassen. Vielleicht unter Wilden, die ihn fangen und fressen würden. Dabei hatte er noch Glück gehabt: De Torres hatte ihm zugeflüstert, dass er ihn lieber an der höchsten Rah aufgehängt hätte.

Spät in der Nacht wurde die Luke über seinem Kopf geöffnet. Jemand leuchtete mit einer Lampe in die Finsternis. Enrique erkannte Chavez und Rodrigo de Xeres. Der große Matrose stieg zu ihm herunter, während de Xeres oben blieb. Offensichtlich stand er Schmiere.

„Da ist wohl einiges schiefgegangen, nicht wahr?" Chavez hockte sich vor ihn hin und wischte sich den Schweiß von der Stirn. „Wie heiß es hier ist. Ehrlich, Enriquello. Wo bist du da nur hineingeraten?"

„Das hab ich euch zu verdanken. Und dem Alten!"

„Du hast uns alle gerettet. Die Hexe ist tot."

„Sie war keine Hexe. Sie war nur ein Mädchen. Nichts weiter."

„Das ist doch jetzt egal." Chavez fischte ein paar Datteln aus seiner Tasche und hielt sie Enrique direkt vor den Mund. „Willst du eine?"

„Nein", flüsterte Enrique trotzig.

„Jetzt sei nicht sauer. Wir holen dich hier wieder raus."

„Und wie?"

„Wir werden den Admiral davon überzeugen, dass er umkehren muss. Wenn wir dann wieder in Spanien sind, kannst du heimlich, still und leise verschwinden. Dafür sorge ich."

„Und wenn wir nicht umkehren?"

„Dann werden wir sowieso alle sterben. Aber wir werden umkehren, das verspreche ich dir. Vertrau mir."

„Vertrauen? So wie mit dem angeblich langsam wirkenden Gift, das dann auch noch zufällig in meinen Sachen gefunden worden ist?"

„Ich fand, es wäre besser, wenn sie dich allein verdächtigen. Wir müssen ja eine Meuterei anzetteln. Da nützt es nichts, wenn wir auch hier unten sitzen." Chavez steckte sich eine Dattel in den Mund und lutschte genüsslich daran herum. Nach einer Weile sprach er weiter: „Es gibt da noch eine Sache …"

„Und die wäre?"

„Dein Gold."

„Welches Gold?"

„Tu nicht so. Der Alte hat's erzählt. Kurz nachdem du in Palos an Bord gekommen bist, sind zwei Männer der Stadtwache auf ihn zugekommen und haben erzählt, dass sie einen Dieb suchen, der bei einem reichen Händler einen Haufen Goldmünzen gestohlen hat. Der Alte hat geschwiegen. Nett, nicht wahr? Und jetzt kannst du uns dafür bezahlen."

Schmerzlich wurde Enrique mit einem Mal alles klar. „Das Ganze war ein abgekartetes Spiel, stimmt's, Chavez? Das war es, was ihr von Anfang an wolltet. Hölle, Christusmörderin, ewige Verdammnis – alles Blödsinn. Ihr wolltet an meine Beute. Ich soll für meine Rettung bezahlen!" Wütend zerrte Enrique an seinen Fesseln.

Chavez grinste. „Du hast es begriffen. Diese Reise wird für mich ...", er blickte kurz zu Rodrigo de Xeres hinauf, der misstrauisch hinunterschaute, „... für uns auf jeden Fall etwas bringen."

„Wer ist *uns,* Chavez? Rodrigo, der Alte, du und dieser feine Señor Gutiérrez?"

„Gutiérrez?" Chavez lachte kurz auf und zeigte seine blendend weißen Zähne. „Nein, der bezahlt mich dafür, dass ich den Männern Angst mache. Er glaubt nämlich nicht im Geringsten daran, dass wir Asien erreichen. Wie auch viele andere hier an Bord. Die Mannschaft wird meutern, ganz sicher. Und dann kehren wir um. Gutiérrez bezahlt gut. So wie du es tun wirst!"

„Du mieses Schwein!"

Klatsch! Chavez hatte ihm eine Ohrfeige verpasst. „Halt's Maul, Kleiner! Also? Sind wir im Geschäft?"

„Niemals. Lieber lass ich mich von Wilden auffressen, bevor ich dir verrate, wo ich meine Beute versteckt habe."

Chavez ließ enttäuscht den Kopf hängen und schüttelte ihn leicht. „Enriquello, Enriquello. Was soll ich nur mit dir machen?" Er erhob sich und blickte zu Enrique herab. „Ich sag dir was. Ich weiß, dass du dein Gold in dem Gürtel da um deinen Bauch trägst. Aber ich beklaue doch keinen Kumpel. Ich bringe dir Essen und Wasser. Aber nicht umsonst. Hier meine Preisliste: Ein Becher Wasser kostet eine Goldmünze, ein Apfel zwei Goldmünzen, ein Stück Brot fünf Goldmünzen. Und wenn du Fleisch willst, dann kostet dich das ganze zehn Goldmünzen. Du kannst es dir überlegen."

Da gab es nicht viel zu überlegen. Schon jetzt wurde Enriques Durst in dieser heißen Höhle unerträglich. Zähneknirschend begann er zu zahlen. So wie auch am nächsten und übernächsten Tag. Nach und nach schmolz sein kleines Vermögen dahin.

9. Kapitel: Der Geruch der Meuterei

Auf der *Santa Maria* ging alles seinen gewohnten Gang. Aber irgendetwas stimmte nicht, das spürte Luis de Torres. Die Männer arbeiteten mit mürrischen Gesichtern, lachten kaum und blickten feindselig zum Achterdeck hinauf, wo sich der Admiral und die edlen Herren aufhielten. Die kleine Flotte der drei Schiffe war jetzt fast vier Wochen auf See und hatte Hunderte von Seemeilen zurückgelegt. Der Besatzung aber hatte der Admiral viel weniger angegeben, als sie tatsächlich gefahren waren, um sie nicht zu beunruhigen. Luis de Torres fragte sich, ob das etwas nützen würde. Die Männer jedenfalls schienen nicht im Mindesten beruhigt. Oft gab es Streit und ständig hörte er Flüche. Ohne Zweifel: Es roch nach Meuterei.

Missmutig schmiss Luis de Torres das Log über Bord.

„Ansage, de Torres!“, rief der Admiral. Er stand mitten auf Deck und fixierte eine kleine Sanduhr. Luis de Torres zählte laut die Knoten, die durch seine Hand ins Wasser liefen, bis der Admiral „Stopp!“ sagte und den ermittelten Wert in sein Logbuch eintrug. De Torres holte das

Knotenseil wieder ein, während sich Kolumbus neben ihn gesellte. „Wir machen gute Fahrt, de Torres. Fast elf Knoten. Das ist für diese alte Dame eine ausgezeichnete Geschwindigkeit. Lange kann es nicht mehr dauern."

De Torres blickte den Admiral von der Seite an. Dessen hageres Gesicht wurde von der tief stehenden Sonne angeleuchtet. Nie hatte er in den Zügen eines Menschen mehr Zuversicht gesehen als bei diesem Christoph Kolumbus, nie mehr Entschlossenheit. Seine eigene Hoffnung aber sank mit jedem Tag.

„Die Männer scheinen nicht in der besten Verfassung zu sein, Admiral. Wir segeln schon zu lange Richtung Westen."

Kolumbus blickte zum Großmast hinauf. „De Torres. Ihr lasst Euch anstecken. Seht Ihr nicht die Vögel, die immer wieder über unseren Köpfen kreisen? Die haben ihr Lager an Land. Und das Gras im Wasser, das an Küsten wachsen muss? Ich weiß, dass wir bald Land entdecken werden. Es gibt viele Zeichen."

„Ich wünsche mir nichts sehnlicher, Admiral!"

Kolumbus gähnte, streckte sich und flüsterte Luis de Torres leise grinsend zu: „Ich werde mal zu Gutiérrez und den anderen hinübergehen. Wenn ich bei ihnen bin, können sie keine Meuterei planen, diese Angsthasen."

De Torres nickte müde und richtete seinen Blick auf den wolkigen Horizont, vor dem sich in der untergehenden Sonne die Konturen der *Niña* und der *Pinta* abzeichneten.

Rahel fühlte sich wie eine Gefangene. Seit Wochen hatte sie die Kajüte nicht mehr verlassen. De Torres, der sie nun mit allem versorgte, was sie brauchte, hatte ihr erzählt, dass die Männer sie für tot hielten und sie sich nicht sehen lassen dürfe, bis Land gesichtet worden sei. Also hatte sie begonnen, die Bordbibliothek des Admirals durchzulesen. Angefangen bei Marco Polos Reisen, die sie schon kannte, bis hin zu den Reisen des John Mandeville. Aber gleichzeitig wurde sie immer unruhiger. Eine Frage ließ ihr keine Ruhe: Warum hatte der Junge sie vergiften wollen? Je mehr sie darüber nachdachte, desto dringender wurde ihr Wunsch, es aus seinem Munde zu erfahren. Woher kam der Hass gegen sie? Er kannte sie doch gar nicht. Warum wurde ihr Volk immer wieder für alles Böse verantwortlich gemacht? Diese Fragen kreisten ihr im Kopf herum und wurden zusehends mächtiger. Irgendwann war sie sich sicher, dass sie mit ihm sprechen musste. Aber wie?

Von Luis de Torres hatte sie erfahren, dass sich der Junge im untersten Teil des Schiffes befand. Konnte sie nachts nicht einfach heimlich zu ihm hinuntersteigen? Aber was würde geschehen, wenn man sie entdeckte? Das Schiff war nicht so groß und sie musste sich einen Weg durch die auf dem Unterdeck schlafenden Männer suchen. Vielleicht konnte sie sich ja wie ein Junge anziehen? Schon vor einigen Tagen hatte sie ein paar Kleidungsstücke des Admirals gesehen, die sich mithilfe von Nadeln so zurechtmachen ließen, dass sie ihr passen würden. Ja, so würde es gehen. Wenn die Nacht dunkel genug war, würde sie es versuchen. Der rastlose Admiral würde ihr auch keine Probleme bereiten. Der legte sich nur immer im Morgengrauen ein paar Stunden zur Ruhe. Bis dahin wäre sie längst wieder zurück.

Aufgeregt begann sie, ihren Plan in die Tat umzusetzen. Sie kramte ein helles Leinenhemd und eine einfache Hose aus der Truhe des Admirals hervor und steckte mittels einiger Nadeln Ärmel und Hosenbeine zurück. Ihre langen Haare verbarg sie unter einer schlichten Mütze aus Wolle.

Dann suchte sie einen Ort, an dem sie die Kleidung verbergen konnte. Ihr Blick fiel auf die Koje, die mit einem Schrank unterbaut war. Sie nahm die präparierte Kleidung und stopfte sie hinein. Anschließend setzte sie sich zurück an den Tisch und las weiter in einem Buch.

Wenig später drang undeutlich der Schuss einer Bombarde und kurz darauf Geschrei an Rahels Ohr. Das aber interessierte sie nicht besonders. Sie wartete auf die Nacht.

10. Kapitel: Ein Gespenst

Die Aufregung war gewaltig: Die *Niña* hatte einen Schuss mit der Bombarde abgegeben.

Luis de Torres stürmte mit den anderen Männern nach vorn auf das Bugkastell und sah noch den grauen Pulverdampf über das Wasser davonziehen.

Atemlos gesellte sich kurz darauf der Admiral mit Gutiérrez und anderen edlen Männern zu ihm. Gespannt blickten alle Richtung Westen. De Torres glaubte, Gesang von der *Niña* zu hören.

„Was singen die denn da?“, fragte jemand verblüfft.

„Das *Gloria*, glaub ich“, erwiderte de Torres und erkannte kurz darauf den Kapitän der *Niña*. Mit an den Mund gelegten Händen rief dieser ihnen etwas zu. Aber es war kaum zu verstehen.

„Was brüllt er?“, fragte Gutiérrez und stellte sich auf die Zehenspitzen.

„Ich weiß nicht“, antwortete der Admiral, „vielleicht haben sie Land gesichtet.“

„Land?“, rief Gutiérrez ungläubig und bekreuzigte sich.

„Heiliger Nikolaus!“, stöhnte ein weiterer edler Herr. „Wir sind gerettet! Wir …“

„Seid still, in Gottes Namen. Man versteht ja nichts.“

Die Männer schwiegen und da der Wind jetzt besser stand, hörten sie die Worte des Kapitäns: „Land! Admiral … Land!“

Leise wandte sich der Admiral an Luis de Torres: „Seht Ihr etwas?“

„Ja! Aber ich vermag nicht zu sagen, ob es sich dabei um Land handelt oder nur um eine Wolkenbank.“

Wieder wehte der Wind Wortfetzen zu ihnen herüber: „Die Belohnung … mir … Land. Ganz sicher …"

„Setzt alle Segel und dreht stärker in den Wind. Wir wollen sehen, ob dort tatsächlich Land ist", befahl Kolumbus.

Sofort herrschte hektische Betriebsamkeit. Die üble Stimmung der letzten Tage war verschwunden. Fröhliches Rufen erfüllte das Schiff und alle waren mit einem Mal von der Hoffnung beseelt, endlich Land entdeckt zu haben.

„Hoffen wir, dass sie recht behalten", flüsterte der Admiral Luis de Torres zu und blickte zur *Niña* hinüber, „sonst wird die Enttäuschung für die Männer groß sein. Zu groß vielleicht. Es wäre besser, wenn Ihr Euch bis morgen früh eine Waffe zulegt. Nur für alle Fälle."

De Torres nickte ernst. Er hatte plötzlich das ungute Gefühl, dass sie nicht auf Land, sondern auf Probleme zusteuerten.

Rahel beobachtete durch einen kleinen Spalt in der Tür die Vorkommnisse auf Deck. Sie wartete ungeduldig auf die Nacht, um dem Jungen einen Besuch abzustatten. Bis sich alle Männer zum Schlafen zurückgezogen hatten, würde es aber noch einige Zeit dauern.

Es war fast Mitternacht, als die *Santa Maria* endlich in Schlaf versank. Nur der Admiral stand noch auf dem Bugkastell und schaute nach Land spähend aufs Meer. Luis de Torres schien sich zur Ruhe begeben zu haben. Die Nacht war sehr dunkel.

Rahel sprang in die präparierte Kleidung, richtete ihr Bett so her, dass es aussah, als läge sie darin, setzte sich die Mütze auf den Kopf und verließ die Kajüte. Auf Deck war niemand zu sehen. Flink wie eine Katze schlich sie zur Treppe und stieg zum Hauptdeck hinunter. Einige Männer lagen kreuz und quer herum und schliefen. Rahel blieb kurz stehen und blickte zum Admiral hinauf. Über ihrem Kopf baumelte quietschend eine große Laterne und undeutlich waren einige Insekten zu erkennen, die sie umkreisten. Insekten?, fragte sich Rahel überrascht. Mitten auf dem Meer? Aber darüber konnte sie später nachdenken.

Langsam stieg sie die Treppe zum Mannschaftsdeck hinab. Sofort umfing sie schwüle Feuchtigkeit. Hier und da brannten Laternen und verbreiteten schummriges Licht. Überall lagen schnarchende Männer auf dem Boden. Es roch nach Schweiß und menschlichen Ausdünstungen. Sich die Nase zuhaltend stieg Rahel über die schlafenden Matrosen, bis sie die offen stehende Luke erreicht hatte, die in den Laderaum hinunterführte. Klopfenden Herzens stieg sie hinab.

Mit jeder Stufe wurde es heißer, stickiger und dunkler. Dazu stank es. So sehr, dass Rahel glaubte, sich übergeben zu müssen. Irgendwann war sie unten. Augen und Nase gewöhnten sich an Dunkelheit und Gestank. Schemenhaft erkannte sie eine Gestalt, die zusammengerollt und angekettet auf den nackten Planken lag. Vorsichtig tappte sie auf den Jungen zu. Er schlief. Rahel ließ sich auf die Knie nieder und rüttelte energisch an seiner Schulter. „Aufwachen! Hey!"

Müde starrte der Bursche sie an. Er schien zuerst nicht zu begreifen, doch dann wich er entsetzt zurück. Mit einem Satz war er auf den Beinen und versuchte voller

Panik, vor Rahel zu fliehen. Doch die Ketten hielten ihn zurück.

„Nicht schön, einem Gespenst zu begegnen, was?", fragte Rahel leise und erhob sich. Langsam ging sie auf den Jungen zu.

Der formte aus seinen Unterarmen ein Kreuz und hielt es ihr entgegen. „Weiche! Weiche, Dämon!", rief er mit zitternder Stimme.

Obwohl Rahel eigentlich nicht danach zumute war, musste sie lachen. „Ich bin kein Dämon."

„Was bist du dann?", stammelte der Junge.

„Rahel de Toledo. Die, die du *fast* vergiftet hättest!", antwortete Rahel. „Das ist auch der Grund, warum ich dich hier unten aufsuche: Ich will von dir wissen, warum du mich ermorden wolltest. Was habe ich dir denn getan?"

Deutlich hörte Rahel, wie die Zähne des Jungen klapperten. Er schien noch immer nicht zu begreifen.

Rahel versuchte ihn zu beruhigen: „Ich bin aus Fleisch und Blut. Der Admiral hat nur so getan, als hättest du dein Werk vollendet. Er hat mich für tot erklärt. Und jetzt will ich wissen, warum du mich ermorden wolltest. Also: Warum?"

„Ich … ich … wollte nicht. Chavez, Rodrigo und der alte Koch haben mich benutzt. Ich hatte Angst vor der Verdammnis", quäkte der Junge und ließ langsam die Arme sinken.

„Wie, du wolltest nicht? Du hast mir die Suppe doch gebracht."

„Ja, aber ich bin zurückgelaufen, um dich zu warnen. Da sagte mir de Torres, es sei zu spät. Du wärst bereits tot."

„Ich lebe aber noch. Enttäuscht?"

„Nein. Ich wollte das nicht. Ehrlich. Chavez hat gesagt, dich schickt der Teufel, um uns alle in die Hölle zu bringen."

„Weil ich eine Jüdin bin?"

„Ja, eine Christusmörderin. Chavez hat gesagt, dass wir Gottes Zorn erregt haben, weil wir dich an Bord gelassen haben …" Der Junge begann zu weinen. „Dann hab ich mich überreden lassen, dir das vergiftete Essen zu bringen."

„Du hast es gar nicht selbst vergiftet?"

„Nein, das war der alte Koch. Ich hab's nur gebracht. Das musst du mir glauben!"

„Warum sitzen dann nicht diese Kerle hier unten?"

„Ich hab nichts gesagt, weil … weil … Es hätte mir sowieso keiner geglaubt. Aber dann hat mir Chavez erzählt, dass sie das alles nur gemacht haben, um der Mannschaft Angst einzujagen und mir meine Beute abzunehmen."

„Deine Beute? Ich glaube …" Rahel stockte. „Wie heißt du eigentlich?"

„Enrique."

„Ich glaube, Enrique, du musst mir jetzt mal alles ganz genau erzählen."

Der Junge nickte ängstlich und setzte sich auf ein Fass. Rahel lehnte sich an die Bordwand. Dann begann Enrique mit seiner Geschichte.

11. Kapitel: Unheimliche Gestalten

„Es tut mir leid!“, entschuldigte sich Enrique zum hundertsten Mal. Er hatte Rahel alles berichtet und hoffte, dass sie ihm verzeihen würde.

„Du kannst mir viel erzählen, Enrique. Aber ich brauche einen Beweis, dass du die Wahrheit sagst. Dann lege ich für dich ein gutes Wort beim Admiral ein. Das verspr…“

„Psst!“, zischte Enrique und legte einen Finger auf den Mund. „Da kommt jemand!“ Er griff nach Rahels Arm und zog sie hinter eine Kiste. Er selbst legte sich auf den Boden und gab vor zu schlafen.

Tatsächlich kam eine Person die Treppe herunter. Angestrengt versuchte Enrique zu erkennen, um wen es sich handelte. Wahrscheinlich Chavez, der ihm wieder Wasser gegen Bezahlung brachte. Nun gut, sollte er. Dann würde Rahel hören, dass man ihn tatsächlich erpresste.

Aber es war nicht Chavez. Die Gestalt war kleiner. Sie blieb lange am Fuß der Leiter stehen und blickte zu Enrique hinüber. Schließlich schlich sie in den vorderen Teil des Schiffes. Kurz darauf hörte Enrique metallische Geräusche, leises Klopfen und das Glucksen und Gluckern von Wasser. Die Geräusche wiederholten sich mehrmals, dann erschien die Gestalt wieder, blickte noch einmal kurz zu Enrique hinüber, kletterte schnell die Leiter empor und verschwand.

Enrique blieb noch ein paar Minuten liegen, dann erhob er sich und kauerte sich zu Rahel, die mit aufgerissenen Augen hinter der Kiste hockte.

„Wer war das? Chavez?", flüsterte sie.

„Nein, die Gestalt war zu klein. Und der hätte auch bestimmt nicht so geheimnisvoll getan."

„Und was wollte dieser Kerl dann hier?"

„Weiß nicht. Er war vorn im Laderaum und hat da mit irgendetwas herumhantiert. Mit Wasser, glaube ich. Vielleicht hat er nur etwas geholt. Seltsam war aber, dass er anscheinend sicher gehen wollte, dass ich schlafe. Er hat mich lange beobachtet." Enrique klapperte mit seiner Kette und zeigte in Richtung Bug. „Willst du nachschauen, was er gemacht hat?"

„Warum? Du sagst selbst, dass er nur etwas geholt hat."

„Ja schon, aber um diese Zeit?" Enrique kamen Zweifel. „Tagsüber kommen immer wieder Matrosen hier herunter. Aber bisher war ich nachts immer allein. Die Besuche von Chavez ausgenommen."

Rahel seufzte. „Also gut. Ich gehe nachschauen."

Sie erhob sich und verschwand in der Dunkelheit des Laderaums. Hin und wieder hörte Enrique leises Fluchen, wenn Rahel irgendwo anstieß. Durch das fast ständige Schwanken des Schiffes herrschte im Schiffsbauch ein großes Durcheinander, da nur die schwersten Gegenstände fest verstaut waren. Dazu kam, dass Rahel keine Lampe hatte, mit der sie sich einen Weg hätte suchen können. Nach einer Weile kehrte sie zurück.

„Ich habe nichts entdecken können. Zu dunkel. Es war nur ziemlich nass."

„Ich sag ja: Wasser. Aber ein Schiff ist ohnehin nie wirklich dicht." Nachdenklich schaute er Rahel an. „Seltsam war die Gestalt jedenfalls schon. Irgendwie Furcht einflößend."

„Vielleicht war es der Teufel persönlich“, sagte Rahel kurz und schnitt eine Grimasse.

Enrique schaute sie entsetzt an.

Rahel grinste nur von einem Ohrläppchen zum anderen. „Ihr Christen glaubt aber auch alles. Ich garantiere dir, dieser Besuch hatte handfeste Gründe. Und nun Schluss. Sag mir lieber, wo du deine Beute versteckt hast.“

Die Sache mit dem Teufel hatte Enrique ziemlich erschreckt. Widerwillig deutete er auf den Gürtel mit den darin verborgenen Münzen. Sein Vermögen war aber schon erheblich zusammengeschrumpft.

„Ich sehe, was ich für dich tun kann“, versprach Rahel, verabschiedete sich und kletterte die Leiter zum Deck hinauf.

Enrique war wieder allein und fürchtete sich mehr als zuvor vor der Dunkelheit.

Die feuchte Hitze in der Kombüse ließ den alten Koch nicht schlafen. Also verlegte er seinen Schlafplatz nach draußen aufs Deck. Er hatte sich noch nicht ganz hingelegt, als eine Gestalt an der Treppe zum Unterdeck erschien. Erst war nur ihr Kopf zu sehen, der sich spähend hin und her bewegte. Es war nicht ungewöhnlich, dass Männer des Nachts auf dem Schiff herumliefen, aber die Art, wie der Kopf sich vorsichtig umschaute, machte den Alten neugierig.

Die Gestalt war klein, dürr und trug Kleidung, die ihr um den Körper schlotterte. Auf dem Kopf trug sie eine Mütze. Mit einem Mal war sich der Alte sicher, dass es sich gar nicht um einen Mann handelte, sondern um eine Frau. Als die Person durch den Schein der Decklaterne

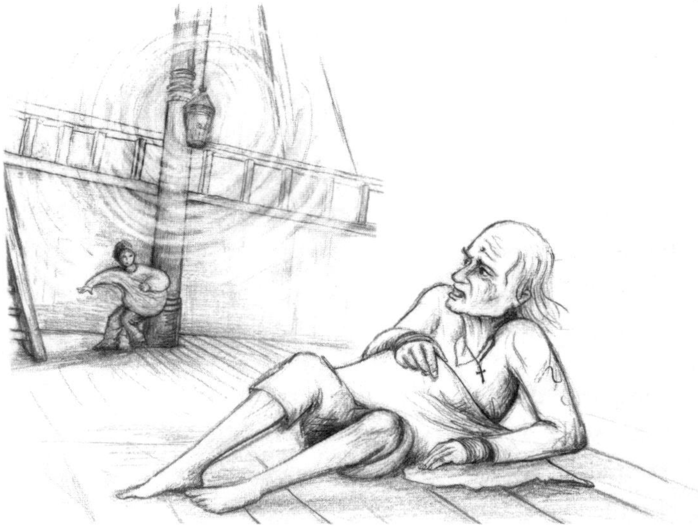

huschte, sah er kurz ihr Gesicht. Ein gewaltiger Schreck durchzuckte ihn: Das Mädchen! Oder vielmehr ihr Geist! Sie stieg zum Achterdeck hinauf und verschwand in der Kajüte des Admirals.

Der Geist des Mädchens suchte seine Mörder, das war sicher. Leise murmelte der Alte das *Vaterunser* und zog sich, am ganzen Leibe zitternd, in die Kombüse zurück. Dort weckte er Chavez.

„Chavez, Chavez! Wach auf!“

Chavez’ großer Leib rollte auf den Rücken und blickte den Alten verschlafen an. „Was ist denn?“, murmelte er.

„Das Mädchen! Sie ist da draußen!“

„Welches Mädchen?“

„Die Christusmörderin. Ihr Geist. Sie will uns holen.“ Der Alte bekreuzigte sich und starrte voller Angst zur Tür.

„Blödsinn. Du träumst."
„Nein! Ich bin hellwach. Sie ist da draußen!"
„Wenn sie ein Geist wäre, dann hätte sie uns schon längst gefunden und wir würden uns aufgespießt über dem Höllenfeuer drehen. Geister müssen nicht suchen."
„Ich hab sie aber gesehen, Chavez! Ganz sicher! Gekleidet in ein Leichentuch, das um ihren dürren Körper schlotterte", beharrte der Alte.
„Und wo sucht sie uns gerade? *Hier* ist sie nämlich nicht!", antwortete Chavez belustigt und schaute unter seine Decke.
„Sie ist in die Kajüte des Admirals gegangen!"
„Hör mal, Alter! Ich habe selbst gesehen, wie sie in einen Sack eingenäht ins Meer geworfen wurde. Da kann man ja wohl kaum ..." Chavez stoppte mitten im Satz. Irgendetwas stimmte hier nicht. Plötzlich wusste er, was es war: Er hatte nur den Leichensack gesehen, wie er mit Gewichten beschwert im Meer versunken war. Aber war wirklich das Mädchen darin gewesen? Oder hatten der Admiral und de Torres sie für dumm verkauft? „Du sagst, sie sei in der Kajüte des Admirals verschwunden?"
Der Alte nickte zitternd.
„Interessant. Wirklich interessant", brummte Chavez geistesabwesend. Dann wandte er sich an den verdutzt dreinschauenden Alten. „Leg dich schlafen, alter Mann. Heute Nacht kommt kein Geist mehr!"

12. Kapitel: Die Meuterei

Luis de Torres' Befürchtungen hatten sich bestätigt: Den ganzen Tag und die folgende Nacht waren sie auf das vermeintliche Land zugefahren, bis es sich am frühen Morgen als Wolkenbank entpuppt hatte. Vor aller Augen zerstob sie im aufkommenden Wind. Sie verschwand einfach wie eine Fata Morgana.

Die Folgen waren beängstigend: Eine seltsame Stille legte sich über das Schiff. Ab und zu standen die Männer beisammen und tuschelten miteinander. Arbeiten wurden nachlässig erledigt, Befehle des Admirals nur unter Flüchen ausgeführt. De Torres spürte an den Blicken und Gesten der Männer, dass sie kurz vor einer Rebellion standen. Aber noch war es nicht so weit. Es fehlte der Funke, der die wachsende Unzufriedenheit zur Explosion brachte.

Zwei Tage und zwei Nächte vergingen in zäher Langsamkeit. Alle schienen auf irgendetwas zu warten, oder besser: zu lauern. Besonders auffällig war die Häufigkeit, mit der sich der Unruhestifter Chavez mit Gutiérrez traf. Ohne Zweifel führten sie Dunkles im Schilde.

In der dritten Nacht kam eine steife, kühle Brise auf und verschaffte allen an Bord der *Santa Maria* etwas Abkühlung.

Luis de Torres schöpfte ein wenig Wasser aus dem Fass, das auf dem Hauptdeck stand, und brachte es Enrique, der auf Bitten Rahels nach oben gebracht worden war. Warum sich das Mädchen so für ihn ins Zeug legte, war de Torres ein Rätsel. Immerhin hatte er versucht, sie zu töten. Allerdings hatte sie recht gehabt: Der Junge war kurz davor, ernsthaft zu erkranken.

Anschließend ging de Torres zum Admiral. Der stand wie jede Nacht auf dem Bugkastell und blickte angestrengt nach Westen. De Torres reichte Kolumbus einen Becher Wasser und stellte sich neben ihn. „Bald werden die Männer meutern", sagte er, „vielleicht schon morgen. Chavez und Gutiérrez werden dafür sorgen. Sie tuscheln in letzter Zeit viel miteinander. Sie werden uns auffordern umzukehren, Admiral!"

Kolumbus nahm den Becher, sah ihn lange an und trank dann einen Schluck. Er blickte weiter stur geradeaus. Nach einer Weile sagte er: „Dafür ist es zu spät, mein Freund."

De Torres hob fragend seine Augenbrauen und blickte den Admiral an. „Was meint Ihr damit, Admiral?"

Christoph Kolumbus aber schwieg.

Am nächsten Morgen versammelten sich die Männer auf dem Hauptdeck, ohne dass sie jemand dazu aufgefordert hatte. Lautstark forderten sie die Rückkehr nach Spanien.

Luis de Torres erklärte ihnen, dass der Admiral die ganze Nacht gewacht habe und nun etwas Schlaf brauche. Die Männer aber ließen sich nicht abwimmeln. Sie forderten, mit dem Admiral zu verhandeln.

Plötzlich stand Kolumbus hinter de Torres und flüsterte: „Schon gut, de Torres." Dann wandte er sich an die Männer: „Ihr seid besorgt über die lange Reise, ich weiß! Aber ich sage euch, dass wir kurz vor unserem Ziel stehen."

„Das sagt Ihr uns seit Wochen!", rief eine Stimme. „Aber wir jagen nur den Wolken hinterher, Admiral."

„Wo Wolken sind, ist Land. Wo Gras ist, ist Land. Wo Vögel fliegen, ist Land. Wir sind so weit im Westen, dass das Land nur vor uns liegen kann."

„Vielleicht sind wir schon lange daran vorbeigesegelt!" Das war Chavez. Er hing in den Wanten und warf einen kurzen Blick auf Gutiérrez, der mit den anderen edlen Herren neben Kolumbus auf dem Achterdeck stand. Dann sprach er weiter: „Ihr lügt, Admiral. Ihr belügt uns die ganze Zeit. Und ich weiß, was Euch so verbohrt an Eurem Plan festhalten lässt."

Die Augen der Männer blickten gespannt zu Kolumbus.

„Nun, Chavez? Und was mag das wohl sein?"

„Der Teufel ist in Euch gefahren. Ihr seid eine Gefahr für uns alle. Wir müssen umkehren. Mit oder ohne Euch."

Der Admiral begann laut zu lachen. „Chavez! Ihr seid der größte Narr, der mir je untergekommen ist. Ein Narr und ein elender Feigling."

Die Männer schauten auf Chavez, der puterrot anlief. Er bebte vor Zorn. „Ein Feigling? Wenn ich ein Feigling bin, dann seid Ihr ein hinterhältiger Lügner!"

Unter der Besatzung erhob sich lautes Gebrüll. Die Männer schienen uneins zu sein, wem sie folgen sollten.

Der Admiral blieb seltsam ruhig und Chavez fuhr fort: „Oder stimmt es etwa nicht, dass Ihr die Christusmörderin in Eurer Kajüte verbergt?"

Luis de Torres zuckte jäh zusammen und sah aus den Augenwinkeln, wie Gutiérrez zur Kajüte des Admirals stürmte und darin verschwand. Mit der schreienden, sich windenden Rahel im Arm erschien er wieder auf Deck. Nun war es offenbar an Gutiérrez, die Empörung der

Männer weiter anzuheizen. „Admiral!“, rief er wütend, „ich muss schon sagen. Das ist ein starkes Stück. Ihr fordert Gott heraus!“

Die Männer starrten entgeistert auf das zitternde Mädchen, das von Gutiérrez an die Brüstung des Achterdecks gedrückt wurde. Rufe wurden laut: „Hexe!“ – „Teufelin!“– „Über Bord mit ihr!“

Chavez dröhnte siegesgewiss: „Seht ihr, Männer! So viel zu den Lügen eures Admirals. Ich sage …“ Aber er brachte den Satz nicht zu Ende.

Rodrigo de Xeres kletterte aus dem Inneren des Schiffes aufs Deck. Er hatte die Hände wie zum Gebet erhoben und flehte laut um Vergebung seiner Sünden.

Alle starrten ihn gebannt an.

Dann sagte de Xeres langsam und sehr leise: „Das Wasser!“

„Was ist mit dem Wasser, Mann?“, rief einer.

„Das Wasser. Jemand hat die Fässer geöffnet. Wir haben kein Wasser mehr.“

Schweigen. Fassungslosigkeit.

Chavez war der Erste, der die Totenstille durchbrach. „Das war sie!“, schrie er und sein ausgestreckter Finger flog wie ein Speer in Richtung Rahel.

13. Kapitel: Das Gottesurteil

Enrique beobachtete mit wachsendem Entsetzen die Ereignisse auf dem Hauptdeck. Auch für ihn war die Nachricht von de Xeres ein Schock. Kein Wasser! Ein qualvoller Tod erwartete sie alle. Langsam aber sicher würden sie verdursten. Vorher würden sie übereinander herfallen und um das letzte Wasser kämpfen. Dann würden sie vielleicht wie Wahnsinnige Seewasser trinken oder Blut ... Enrique fröstelte trotz der Hitze auf Deck.

Die Gruppe der Chavez-Anhänger hatte begonnen, sich mit Holzknüppeln zu bewaffnen. Sie drängten die Aufgänge zum Achterdeck hinauf und wollten das Mädchen holen. Gleich jetzt. Sie wollten Gott ein Opfer darbringen, damit er sie errette.

Von seinem Platz unter dem Fockmast aus konnte Enrique sehen, dass die Meuterer vom Achterdeck zurückgedrängt wurden. De Torres und ein paar edle Männer drohten ihnen mit ihren Degen.

Einige Meuterer versuchten deshalb, die Brüstung hinaufzuklettern, um auf breiter Front das Achterdeck zu erstürmen. Chavez hing unterdessen noch immer in den Wanten des Hauptmastes und feuerte die Männer an. Unter seine lauten Kommandos mischte sich das panische Kreischen Rahels.

Enrique zerrte an seinen Fesseln. Jetzt konnte er ihr beweisen, dass er sie nicht töten wollte. Er musste sie schützen. Aber wie? Seine Fesseln waren am Mast befestigt. Hilflos verfolgte er den Verlauf der Meuterei.

Sein Blick fiel auf Chavez, der nun wahrlich um sein Leben brüllte. Wenn die Meuterei jetzt zusammenbrach, war er geliefert. Der Admiral würde ihn aufhängen. Chavez sprang plötzlich von den Wanten, lief zu einer Kiste, die auf Deck stand, und schloss sie auf. Einen Augenblick später hielt er Säbel und Macheten in der Hand, die er aufgeregt an die Männer verteilte. Den Schlüssel zu der Kiste hatte ihm sicher Gutiérrez besorgt.

Enrique, der zusehends in Panik geriet, schrie nun wie im Fieber immer und immer wieder: „Sie war's nicht! Sie hat das Wasser nicht aus den Fässern gelassen!"

Einige der Meuterer blickten ihn schließlich an. Dann noch ein paar mehr.

Enrique schrie weiter: „Aufhören! Hört auf! Sie war es nicht!"

Nach und nach verstummte der Tumult.

Chavez, der zitternd verfolgte, wie die Meuterer ihre Waffen sinken ließen und zu Enrique hinüberblickten, handelte schnell. Mit ein paar Sätzen war er bei dem Jungen und hob seine Machete zum Schlag. Enrique riss im letzten Moment die eisernen Ketten schützend über sein Haupt. Funken stoben, Chavez fluchte und holte nochmals aus. Aber da waren schon einige Matrosen bei ihm und hielten seinen schlagbereiten Arm auf.

„Lasst uns hören, was der Junge zu sagen hat!", rief einer, den man aufgrund seines mit schwarzen Flecken gesprenkelten Gesichts Teerfratze nannte.

Enrique schaute zum Achterdeck hinauf und erkannte, dass die Meuterer nicht weiter auf Kolumbus und seine Leute eindrangen, sondern sich stattdessen ihm zuwendeten. Er bebte am ganzen Leib und sprach so laut er konnte: „Das Mädchen hat mich vor ein paar Tagen unter Deck aufgesucht. Sie wollte von mir wissen, warum ich sie beinahe im Auftrag von Chavez vergiftet hätte. Da kam plötzlich jemand die Treppe herunter. Dieser Jemand hat die Fässer geöffnet. Das Mädchen war die ganze Zeit bei mir. Das schwöre ich bei der Heiligen Jungfrau und allen Heiligen!"

„Hast du den Kerl erkannt, Junge?", fragte Teerfratze.

„Nein. Es war zu dunkel. Aber das Mädchen war es nicht!"

„Wer war es dann?", schrie Chavez. „Wer hat etwas davon, wenn wir kein Wasser haben? Doch nur der Admiral selbst. Damit wir nicht umkehren können."

Die Köpfe der Männer wandten sich wieder dem Achterdeck zu und Enrique erkannte, wie de Torres ungläubig den Kopf schüttelte und den Admiral anstarrte. Der stand auf seinem Platz und ließ langsam seinen Säbel sinken. Enrique konnte sehen, dass er mit einem Mal ganz bleich geworden war. Ausnahmsweise schien Chavez ins Schwarze getroffen zu haben.

Die Männer ließen Chavez los und sofort begann dieser wieder zu hetzen: „Los, holt ihn da runter! Er ist wahnsinnig, vom Teufel besessen. Er führt uns direkt in die Hölle!"

Das Gebrüll von Chavez aber verhallte. Die Männer waren wie betäubt.

Die Ruhe vor dem Sturm, dachte Enrique. Jetzt konnte nichts mehr die Meuterei aufhalten. Chavez hatte gewonnen. Und wenn er das Kommando erst übernommen haben würde, wären Rahel und er selbst ihm hilflos ausgeliefert. Enriques Einsatz war umsonst gewesen. In stiller Verzweiflung schüttelte er den Kopf und schloss die Augen.

In diese Ruhe hinein drang die Stimme des Admirals an sein Ohr: „Die Heilige Jungfrau Maria erschien mir und befahl mir, das Wasser aus den Fässern zu lassen. Damit ihr mit mir den Weg zum Ruhm weitergeht."

„Blödsinn!", entgegnete Chavez höhnisch.

Der Admiral überhörte diesen Einwurf. Ungerührt sprach er weiter: „Seht es als ein Gottesurteil. Wenn wir bis übermorgen Land sehen, war Gott auf unserer Seite und Chavez ist der Verfluchte. Sollte es nicht so sein, werde ich mich eurem Richterspruch beugen. Das mögen alle Edelleute bezeugen. Niemandem wird dann auch nur ein Haar gekrümmt! Niemand wird deshalb verurteilt."

Die Mannschaft blickte stumm zum Admiral hinauf. Einige nickten, andere waren unschlüssig und schüttelten ratlos den Kopf.

„Wenn Gott auf unserer Seite ist", sprach Kolumbus, „wird er dafür sorgen, dass wir wieder nach Hause kommen. Gott beschützt seine Kinder!", legte er nach und endlich ließen die Männer ihre Waffen sinken. Stumm gingen sie wieder an die Arbeit.

Zurück blieb nur Chavez. Mit vor Wut gerötetem Kopf schaute er zum Achterdeck hinauf. Die Meuterei war gescheitert und Chavez' Schicksal stand ebenso auf Messers Schneide wie das des Admirals.

14. Kapitel: Land in Sicht!

Tatsächlich brachte der nächste Tag, der 11. Oktober im Jahre des Herrn 1492, einige Überraschungen: Wind kam auf und bescherte der kleinen Flotte starken Seegang. Gegen Mittag herrschte einige Aufregung, als ein Matrose ein frisches Schilfrohr aus dem Wasser fischte. Dazu kam eine Meldung der *Pinta*, die ebenfalls Schilf und Gräser aus dem Wasser geborgen hatte. Ein paar Stunden später segelte die *Niña* heran und Vincente Pinzón, der sie befehligte, hielt den blühenden Ast eines Dornbuschs wie eine Jagdtrophäe in die Höhe.

Dies machte großen Eindruck auf die Mannschaft der *Santa Maria*.

Rahel, die aus Angst vor einer erneuten Meuterei nicht geschlafen hatte, atmete erleichtert auf. Zusammen mit de Torres stand sie auf dem Achterdeck und hörte entspanntes Lachen und Reden. Der blühende Dornbusch war ein untrügliches Zeichen: Land war in der Nähe.

Nur einer war nicht beglückt darüber: Rahel sah Chavez vor der Kombüse stehen und ungläubig zur *Niña* hinüberschauen. Niemand gesellte sich zu ihm. Sogar der alte Koch und Rodrigo de Xeres hielten sich von ihm fern. Plötzlich schien er ein Aussätziger zu sein. Trotzdem war er gefährlich. Wenn sie morgen kein Land entdecken würden, würde er sicherlich einen zweiten Anlauf wagen, das Schiff unter seine Kontrolle zu bringen. Aber noch war es nicht so weit.

Wenigstens musste sich Rahel nicht mehr versteckt halten. Aber auch ihr Schicksal, wie das des Admirals und Enriques, würde sich bald entscheiden. Rahel blickte zu

Kolumbus hinüber. Der stand inmitten der Mannschaft und redete auf seine Männer ein. Immer wieder wies er in Richtung Westen.

„Er ist ein Besessener!“, flüsterte de Torres ihr zu.

„Ja!“, antwortete sie heiser. Hätte der Admiral sie geopfert, wenn die Meuterei geglückt wäre? Sie wusste es nicht. Sie erinnerte sich an den Schiffbruch, an die Einsamkeit, den Durst, dachte an das Wasser, das Kolumbus verschwendet hatte. Allein, um sie alle zu zwingen, weiterzufahren. Sie dachte auch daran, dass er geschwiegen hatte, als die Männer sie verdächtigt und ihren Tod gefordert hatten. Nur Enrique war es zu verdanken, dass sie noch lebte. „Ich traue ihm nicht“, sagte sie kaum hörbar, „für seinen Erfolg geht er über Leichen!“

Luis de Torres nickte traurig.

Zwei Stunden vor Mitternacht hörte Rahel Fußgetrappel vor der Kajüte. Sie sprang aus der Koje und schaute nach, was geschehen war. Alle schienen wach zu sein: Auf dem Achterdeck standen der Admiral, de Torres, Gutiérrez und ein Mann namens Rodrigo Sanchez de Segovia, ein Aufsichtsbeamter des Königs und der Königin.

Der Admiral deutete auf das Meer und wiederholte immer wieder: „Dort, Gutiérrez! Dort. Ihr müsst es doch auch sehen. Ein Licht. Wie eine kleine Wachskerze.“

Gutiérrez nickte vorsichtig und bestätigte: „Ja. In der Tat. Es könnte ein Licht sein. Seht Ihr es, de Segovia?“

Der Angesprochene schüttelte den Kopf. „Nein. Ich sehe nichts.“

„Ihr müsst doch etwas sehen!“, rief der Admiral.

„Nein. Nichts. Meine Augen sind nicht so gut wie die Euren."

Inzwischen hatten sich weitere Männer auf dem Hauptdeck eingefunden. Kolumbus stieg zu ihnen hinunter und forderte sie auf, den Horizont abzusuchen. Land sei in Sicht. Die Männer, angesteckt von der Zuversicht ihres Anführers, begannen laut ein *Salve Regina* zu beten und richteten ihre Augen auf die See.

Vier Stunden später ertönte ein Schuss von der *Pinta*, die vorausfuhr. Kurz darauf vernahmen die Männer an Bord der *Santa Maria* lautes Beten und Freudenschreie.

„Leise!", befahl Teerfratze und legte eine Hand hinters Ohr. „Land. Sie haben Land entdeckt! Land!"

„Ja! Dort! Ich sehe es auch!", rief eine Stimme aus den Reihen der Männer und alle Blicke richteten sich in die angegebene Richtung. Nacheinander sahen sie, wie sich zuerst undeutlich, dann immer schärfer die Konturen

von Land aus dem Dunst schälten. Die Männer lagen sich mit einem Mal in den Armen. Laut beteten sie zu Gott, Maria und den Heiligen. Sie lachten und streckten ihre Hände zum Himmel. Freudentränen liefen über ihre Wangen.

„Wir haben es geschafft, de Torres!“ Der Admiral war auf Luis de Torres zugekommen und hatte ihn bei den Schultern gepackt. „Lasst alle Segel bis auf das Großsegel einholen. Wir kreuzen langsam vor der Küste. Bis Tagesanbruch, dann gehen wir an Land.“ Kolumbus wandte sich zum Gehen, kehrte aber noch einmal um. „Bevor ich es vergesse: Holt Euch einige starke Männer und nehmt diesen Chavez fest! Dem werde ich morgen den Prozess machen. Den Jungen lasst frei. Er ist bestimmt ein nützlicher Zeuge, wenn ich Chavez der Anstiftung zur Meuterei und des versuchten Mordes anklage.“

De Torres nickte kurz und sah, wie Gutiérrez auf Kolumbus zusprang und ihn überschwänglich in die Arme nahm. „Christoph Kolumbus. Euer Name wird für alle Zeiten erstrahlen in göttlichem Licht!“, rief er laut. „Ihr seid ein Genie! Kein Aberglaube, kein Ungemach konnte Euch stoppen. Noch nicht einmal dieser schreckliche Chavez.“ Und leiser fügte er hinzu: „Den sollten wir übrigens möglichst schnell aufknüpfen, wenn ich das anmerken darf.“

Kolumbus, der von den Verstrickungen Gutiérrez’ in die Meuterei wusste, lächelte nur und befreite sich aus dessen Umarmung. „Nur ruhig, Señor Gutiérrez, nur ruhig. Morgen ist auch noch ein Tag.“

15. Kapitel: Guanahani, 12. Oktober 1492

Verwundert rieb sich Enrique die wunden Stellen an seinen Füßen, nachdem ihm de Torres die Fesseln abgenommen hatte.

„Der Admiral möchte, dass du der Mannschaft morgen alles über Chavez erzählst“, flüsterte er. „Bis auf die Verbindung mit Gutiérrez. Die verschweigst du. Wir wollen den Truchsess des Königs nicht bloßstellen.“

„So wollt Ihr Chavez also anklagen?“

„Ja. Das wird auch Zeit. Du bekommst dafür deine Freiheit zurück. Der Admiral will es so. Chavez aber wird hängen!“ De Torres deutete auf die Rah über seinem Kopf und erhob sich. Gleich darauf rief er Teerfratze und Rodrigo de Xeres zu sich. Er redete kurz mit den beiden und sogleich begannen sie, nach Chavez zu suchen.

Die Männer durchsuchten das ganze Schiff. Angefangen bei der Kombüse, dann die Deckaufbauten des Vor- und Hinterschiffes, anschließend das Unterdeck und den Laderaum bis hinunter zum Kiel. Aber Chavez war verschwunden. Nach einer halben Stunde erstatteten sie Luis de Torres Bericht.

„Kein Chavez!“, brummte Teerfratze und schüttelte den Kopf. „Der ist bestimmt über Bord gesprungen und an Land geschwommen. Wusste wahrscheinlich, was auf ihn zukommt.“

De Torres fluchte, trat an die Bordwand und blickte in der Dunkelheit zum Land hinüber. „Bei allen Höllenteufeln! Dieser Kerl ist einfach nicht zu packen! Vielleicht haben wir Glück und er ist ersoffen. Bis an Land sind es gut und gerne drei Meilen.“

Enrique folgte de Torres' Blick. Ruhig und glatt lag das Meer da. Schade um mein Gold, dachte er. Chavez ist kräftig. Er könnte es bis an Land geschafft haben. Enrique hatte das unangenehme Gefühl, dass er Chavez noch einmal begegnen würde.

Der Morgen brach strahlend schön an. Enrique hatte prächtig geschlafen. Das lag vor allem daran, dass der alte Koch ihm seinen Platz überlassen hatte. Später bereitete der Alte ihm ein üppiges Frühstück. Rodrigo de Xeres flickte seine Kleidung. Das Verhalten der beiden war natürlich allzu durchsichtig: Enrique sollte ihre Beteiligung an Chavez' Verschwörung verschweigen. Enrique aber wollte die beiden noch ein wenig zappeln lassen.

Auf Deck hievten die Männer ein Beiboot der *Santa Maria* über die Bordwand und ließen es zu Wasser. Dann stiegen der Admiral, Luis de Torres, der Notar Rodrigo de Escobedo, einige Matrosen, Pedro Gutiérrez und Rodrigo Sanchez de Segovia ins Boot.

Jemand rief Enriques Namen und als dieser hinunterschaute, sah er Admiral Kolumbus, der ihn aufforderte, mit ihnen zu fahren. Enrique fühlte sich geehrt und nahm zwischen den Männern Platz.

Zügig ruderten sie der Küste des unbekannten Landes entgegen. Wie sich noch in der Nacht herausgestellt hatte, handelte es sich um eine Insel. Von der *Niña* und der *Pinta*, die in der Nähe ankerten, stieß jeweils ein Boot zu ihnen, das ebenfalls mit Bewaffneten besetzt war. Enrique erkannte Martin Alonso Pinzón von der *Pinta* und dessen Bruder Vincente von der *Niña*. Kurz bevor die drei Boote das Land erreichten, entrollte man Fahnen, auf denen das Wappen des Königspaares und ein grünes Kreuz zu sehen waren. Laut flatterten die Banner im Wind. Enrique hörte den Admiral rufen: „Seid stolz, Männer! Ihr seid die Ersten, die Asien vom Westen her betreten. Ewig sei unser Ruhm!" Dann sprang Kolumbus ins Wasser und watete die letzten Meter an Land. Seine Männer folgten ihm in gebührendem Abstand. Auf dem glitzernden Sandstrand warfen sie sich nieder und küssten die Erde. Unter Tränen der Erleichterung bildeten sie alsbald einen Halbkreis um den Admiral, der mit ergriffener Stimme ein *Ave-Maria* betete.

Gutiérrez und der Notar traten vor, protokollierten die Besitzergreifung des neuen Landes und verliehen dem Admiral den Titel des Gouverneurs aller noch zu entdeckenden Länder. Kolumbus unterschrieb seine Ernennung und gab der Insel den Namen *San Salvador*.

Kurz darauf raschelte es im Unterholz des Dschungels vor ihnen. Zögerlich trat eine Gestalt aus dem herrlichen Grün. Enrique sah, wie einige Männer beunruhigt nach ihren Degen griffen, andere richteten ihre Armbrust auf die Gestalt. Deutlich erkannte Enrique einen Mann. So also sehen Inder aus, dachte er. Oder war es ein Chinese? Der Mann war von kleiner Statur, hatte dunkle, sonnengebräunte Haut und war bis auf ein paar Schnüre, die kreuz und quer über seinen Körper liefen, nackt. Die Haare waren von der Stirn bis zur Mitte des Kopfes kahl rasiert. Das restliche Haar fiel in einem langen schwarzen Schweif vom Hinterkopf bis zwischen die Schultern. Sein Gesicht war mit grauer, weißer und roter Farbe bemalt, wie auch Teile seines Körpers. Am linken Oberarm trug er einen goldenen Armreif. Ein leichtes Lächeln lag auf dem fein geschnittenen Gesicht, aus dem große dunkle Augen Kolumbus und seine Männer aufmerksam beobachteten. Solch einen Menschen hatte Enrique noch nie gesehen.

Kolumbus gab ein Zeichen, die Waffen sinken zu lassen, und trat ein paar Schritte auf den Mann zu. Als er nahe vor ihm stand, winkte er Luis de Torres zu sich heran, der als Dolmetscher mitgereist war. Dieser begann daraufhin, in einer Enrique unbekannten Sprache zu sprechen, aber der Inder schien ihn nicht zu verstehen.

„Versuch es mit Arabisch!“, forderte der Admiral de Torres auf und Enrique vernahm einen Wechsel der Sprache. Wieder schien der Inder nichts zu begreifen. Stattdessen begann er selbst, auf de Torres einzureden. Enrique hörte seltsame Knacklaute, auf die alle Anwesenden ebenso irritiert reagierten wie zuvor der Inder auf de Torres' Versuche, mit ihm zu sprechen.

Ungeduldig wandte sich der Admiral dem Mann zu und wies auf dessen goldenen Armreif. „Woher?“, fragte Kolumbus laut auf Spanisch. „Wo hast du das her?“

Der Inder sah verwundert auf seinen Arm, lächelte, nahm den Reif ab und reichte ihn dem Admiral.

Der griff sichtlich überrascht in seinen Beutel und kramte daraus ein kleines Glöckchen hervor, das er dem Inder hinhielt.

Ein guter Tausch, dachte Enrique, als er den Mann beobachtete, der nun lachend mit dem Glöckchen spielte. In der Tat musste es viel Gold in diesem Land geben, wenn man es hier gegen solch eine Nichtigkeit tauschte.

Allmählich wurden immer mehr Inder sichtbar, Männer und Frauen. Sie folgten ihrem Anführer und gruppierten sich um ihn.

Überrascht stellte Enrique fest, dass Kolumbus' Männer weiterhin ihre Degen umklammerten. Nicht aber die Eingeborenen. Sie waren unbewaffnet und lächelten. Erst langsam legte sich das Misstrauen der Matrosen und es entwickelte sich ein friedlicher Handel.

„Schaut Euch den goldenen Armreif an", raunte der Admiral de Torres zu, „wo der herkommt, gibt es garantiert noch mehr! Wir müssen nur herausfinden, wo das ist. Wahrscheinlich sind wir auf einer der vorgelagerten Inseln Indiens oder Chinas gelandet. Vielleicht auch auf Cipangu." Kolumbus blickte erfreut auf die Gruppe der Inder. „Ein nettes Völkchen, nicht wahr? Sie werden sicherlich gute Diener sein. Mit weniger als fünfzig Mann ließe sich bestimmt die gesamte Bevölkerung nach Spanien bringen."

„Wieso? Wieso wollt Ihr sie nach Spanien bringen, Admiral?", fragte de Torres verwirrt.

Kolumbus blickte ihn vergnügt an. „Um sie zu verkaufen, de Torres. Um sie zu verkaufen!"

Der restliche Tag verlief im Zeichen entspannter Tauschwirtschaft. Kolumbus hatte befohlen, freundlich mit den Indern umzugehen, da er sich ihrer Freundschaft versichern wollte. Diese Einstellung sprach sich auch bei den Einheimischen herum. Schon bald wurden die drei Schiffe von langen Booten voller Eingeborener umlagert, die sie *Kanus* nannten. Sie tauschten Papageien, Baumwollfäden, Wurfspieße und andere Dinge gegen billige Glöckchen, rote Kappen und Glasperlen bei den Spaniern ein. Gegen Abend verschwanden die Kanus und friedlich ankerte die spanische Flotte unter einem vollen Mond.

16. Kapitel: Gog und Magog

Am nächsten Morgen erzählten Matrosen, dass sie bei einigen Indern grässliche Narben festgestellt hätten. Auf Nachfrage hatten diese ihnen mit zahlreichen Gesten erklärt, dass sie öfters von Männern der Nachbarinseln überfallen würden, die schon einige Leute ihres Stammes verschleppt hätten. Die Matrosen glaubten verstanden zu haben, dass die Inder von diesen Männern gefressen würden. Diese Nachricht sorgte für Unruhe und der Admiral forderte ab sofort größere Wachsamkeit.

Trotzdem sollten am Vormittag verschiedene Gruppen über die Insel ausschwärmen, um frische Lebensmittel für die Weiterfahrt zu organisieren. Enrique wurde einigen Männern zugeteilt, die von Teerfratze angeführt wurden und Wasser aus einer Quelle besorgen sollten. Auch Rahel hatte vom Admiral endlich die Erlaubnis erhalten, das Schiff zu verlassen. Voller Tatendrang schloss sie sich Enrique an.

Zwei Eingeborene, die sie zur Quelle führen sollten, fuhren in einem Kanu voraus. Fast fünf Meilen paddelten sie die Küste entlang, bis sie in einer kleinen Bucht an Land gingen. Die Inder gingen voran, Teerfratze und seine Männer zogen ihre Degen und hefteten sich an ihre Fersen. Ihnen folgte eine Gruppe, die leere Wasserfässer transportierte. Das Schlusslicht bildeten Enrique und Rahel.

Langsam drang die kleine Truppe tief in die feuchte Schwüle des Dschungels ein. Der Schweiß lief ihnen in Strömen herunter. Nirgends war auch nur ein Hauch frischen, salzigen Windes zu spüren. Stattdessen roch es feucht und modrig.

Schon bald fühlte sich Rahel sehr erschöpft. Die Hitze setzte ihr stärker zu als den anderen. War sie am Morgen noch erfreut gewesen, endlich wieder festen Boden unter den Füßen zu spüren, wünschte sie sich nun, sie wäre an Bord geblieben. Immer häufiger griff sie nach Enriques Schulter, um sich abzustützen. Schließlich verfing sich ihr Fuß in einer Wurzel. Rahel stürzte und schlug der

Länge nach auf den morastigen Boden. Laut schrie sie auf und fasste sich an den Fuß, der höllisch schmerzte.

„Was ist hier los?“ Teerfratze, der Rahels Schrei gehört hatte, war von der Spitze des Zuges zu ihnen geeilt. Unwillig beugte er sich über das Mädchen.

Rahel rieb stöhnend ihr Fußgelenk. „Ich hab die Wurzel da nicht gesehen und bin darüber gestolpert“, jammerte sie mit Tränen in den Augen.

Teerfratze blickte grimmig. „Und ich habe nicht ewig Zeit, diesen Auftrag zu erledigen. Wenn du nicht mehr laufen kannst, gehst du eben zurück."

„Allein?", rief Rahel entsetzt.

Teerfratze richtete sich auf, rollte mit den Augen und blickte in die Richtung, aus der sie gekommen waren. „Enrique! Du begleitest sie. Findest du zurück?"

„Ja, bestimmt. So weit ist der Weg nicht."

„Gut. Dann macht euch auf den Rückweg. Bei den Booten am Strand wartet ihr auf uns. Und verirrt euch nicht. Soviel ich weiß, geht's übermorgen weiter. Wenn ihr bis dahin nicht an Bord seid, werdet ihr wohl hier auf dieser Insel vermodern." Teerfratze griff in seinen Beutel, kramte zwei Lederschnüre hervor, suchte anschließend zwei kurze, feste Äste und schiente flink Rahels Fuß. „So! Das müsste bis zum Strand reichen. Viel Glück beim Rückmarsch!"

Enrique nickte stumm.

„Ach ja, bevor ich's vergesse!", brummte Teerfratze. „Denkt an die Verletzungen der Inder. Hier gibt's vielleicht auch Eingeborene, die nicht so nett sind wie die, die wir kennen." Er lachte kurz, grinste seine Männer an und gab das Zeichen zum Abmarsch.

Enrique und Rahel schauten Teerfratze und seinen Leuten nach, bis sie im dunklen Grün des Dschungels verschwunden waren. Dann schob Enrique seine Hände unter Rahels Achselhöhlen und half ihr auf.

„Und du kennst den Weg wirklich?", fragte sie unsicher, während sie den Arm über seine Schulter legte.

„Nicht weiter schwierig. Immer nur den abgeschlagenen Sträuchern und Ästen nach. Die weisen uns den Weg."

„Wenn es nur nicht so entsetzlich heiß wäre“, stöhnte Rahel.

Der Rückweg war beschwerlich. Mehr als einmal mussten sie rasten. Rahels Fuß zeigte schnell eine starke Schwellung. Enrique wusste, dass sie ihn dringend entlasten und hochlegen musste. Zu ihrer großen Freude erreichten sie nach einiger Zeit den Strand und erkannten die im Sand liegenden Boote. Um sich vor der Sonne zu schützen, lagerten sie aber etwas entfernt unter Palmen am Rand des Dschungels. Dort legte Enrique Rahel auf den Boden und zog ihren verletzten Fuß auf einen entwurzelten Baum. „Lass ihn so liegen, damit die Schwellung zurückgeht“, kommandierte er. Rahel gehorchte.

Dann blickten beide aufs Meer.

„Was hältst du von all dem hier?“, fragte Enrique nach einer Weile.

„Was meinst du?“, erwiderte Rahel.

„Na, diese ganze Entdeckung und so?“

„Du meinst, dass wir jetzt in Asien sind?“

„Ja.“

„Ich weiß nicht. Ich kann es nicht so recht glauben. Mein Vater sagte immer, Asien läge so weit im Westen, dass man es mit einem Schiff nicht erreichen könne. Aber vielleicht hat der Admiral es ja tatsächlich geschafft.“

„Und diese Menschen hier stammen aus Asien, nicht wahr? Sie sehen so ganz anders aus als die Leute in Europa oder Afrika. Mit diesen Kanus können sie jedenfalls nicht aus Europa hierhergekommen sein. Viel zu weit.“

„Tja, vermutlich hast du recht. Aber wenn das hier Asien ist, dann werden wir noch einige wundersame Dinge sehen.“

„So? Was denn?“

„Hundsköpfige Menschen zum Beispiel. Oder Amazonen! Dann wären da noch Menschen mit nur einem Bein und einem Fuß, den sie dazu benutzen, um sich auf dem Rücken liegend vor der Sonne zu schützen. Nicht zu vergessen: Gog und Magog.“

Enrique verzog fragend sein Gesicht. „Gog und wer?“

„Magog. Na ja. Das sind zwei Völker von Ungeheuern, die Gott vorsichtshalber eingeschlossen hat und die am Tag des Jüngsten Gerichts über die Sünder herfallen werden, um sie zu fressen. Richtig üble Burschen. Irgendwo hier in Asien hält er sie gefangen. Du liest wohl nicht die Bibel.“

„Kann nicht lesen“, flüsterte Enrique und erschauderte bei der Vorstellung von grässlichen Monstern mit langen Reißzähnen und blutigen Krallen, die nur darauf warteten, endlich freigelassen zu werden. Er musste schlucken. Ihm war da etwas eingefallen. „Du meinst, die könnten für die schlimmen Wunden der Leute hier verantwortlich sein?“

„Weiß nicht. Glaube ich aber nicht. Die sind doch gefangen. Und die Welt geht ja auch gerade nicht unter. Ich glaube, das bekämen wir sogar hier mit, oder?“

„Oh ja!“, entfuhr es Enrique. Aber er stellte fest, dass ihn das nicht wirklich beruhigte.

17. Kapitel: Chavez

Einige Stunden später vernahmen Enrique und Rahel lautes Rascheln aus dem Dschungel.

„Sie kommen!", rief Enrique freudig und erhob sich aus dem Sand. Er blickte in die Richtung des Geräusches. Kurz darauf sah er in einiger Entfernung eine Gestalt aus dem Dschungel treten. Enrique wollte gerade winken, als etwas in ihm Alarm schlug. Es war nur einer, niemand begleitete ihn! Wo waren die anderen? Enrique ließ sich zurück in den Sand fallen und kroch langsam rückwärts hinter einen Busch. Irgendetwas stimmte da nicht.

„Was ist?", wollte Rahel wissen.

„Ich weiß nicht. Da ist nur ein Mann. Das ist seltsam."

Enrique zog Rahel schnell zu sich hinter den Busch und gemeinsam spähten sie durchs Geäst auf den Strand.

Ein Mann trat vorsichtig um sich schauend auf die Boote zu und begann, sie zu durchwühlen. Zuerst glaubte Enrique, es würde sich um einen Inder handeln, doch dann fiel ihm die Größe des Mannes auf und die einfache Tatsache, dass er bekleidet war. Der Kerl steckte seinen Kopf ins Innere der Boote. Als er wieder aufblickte, erkannte Enrique, um wen es sich handelte.

„Heilige Katharina, steh uns bei!", stöhnte er. „Chavez!" Der Meuterer hatte es also doch bis an Land geschafft.

Enrique und Rahel drückten sich noch etwas weiter hinter den Busch.

Chavez schien sie nicht bemerkt zu haben. Er hielt eine Flasche Wein in der Hand, öffnete sie und schüttete den Inhalt gierig in seinen weit aufgerissenen Mund. Deutlich hörten die beiden ein lautes Rülpsen.

Chavez' Sachen waren zerrissen und dreckig. Auf seinem Rücken trug er eine Armbrust, in der Hand hielt er einen Säbel. Wenn er sie hier entdeckte, würde er sicher nicht zögern, kurzen Prozess mit ihnen zu machen.

Enrique packte zitternd sein Amulett und stieß einen leisen Fluch aus. Aber statt eines Gog oder Magog, der sich eigentlich auf Chavez stürzen und ihn fressen sollte, setzte sich genau über ihnen ein bunter Vogel auf einen Ast und begann, laut zu krächzen.

Rahel schaute ängstlich hinauf und griff dann nach etwas Sand, um den Vogel zu verscheuchen. Der aber fuhr unbeeindruckt mit seinem Konzert fort. Nicht gut, dachte Enrique, der Rahels erfolglose Bemühungen beobachtete.

Chavez hatte das Durchstöbern der Boote beendet und richtete seinen Kopf witternd wie ein wildes Tier in die Höhe. Auch er hatte das Krächzen gehört und griff nun nach seiner Armbrust.

Enrique stupste die immer noch mit Sand werfende Rahel an und bedeutete ihr, sich ruhig zu verhalten.

Chavez kam langsam näher. Mit der Armbrust im Anschlag versuchte er, den Vogel auszumachen. Durch die dichten Blätter des Strauches sah Enrique die nackten, schmutzigen Füße auf sie zukommen. Kurz vor dem Busch blieb der Meuterer stehen.

In Enriques Kopf jagte ein Gedanke den nächsten. Sollte er still liegen bleiben? Aber wenn Chavez nur einen Schritt vortrat, würde er sie entdecken. Dann hätten sie nicht den Hauch einer Chance. Wenn er jetzt aus dem Busch hervorstürzte und den gefährlichen Mann überrumpelte, konnte er ihn vielleicht mit der Machete in Schach halten, während Rahel ihn mit den Seilen aus den Booten fesselte. Enrique umklammerte seine Machete. Erst würde er Chavez umwerfen und ihm dann die Machete vor die Nase halten. Ja, so würde es gehen. Nur so. Jetzt oder nie!

Laut schreiend sprang Enrique aus dem Gebüsch auf den völlig verdutzten Mann zu. Mit dem Kopf voran stieß er hart gegen den gewaltigen Brustkorb des Meuterers. Obwohl Enriques Kopf vom Aufprall so heftig schmerzte, als habe jemand mit einem Knüppel darauf gehauen, taumelte Chavez nur einen kleinen Schritt zurück. Einen Augenblick später fühlte Enrique einen Faustschlag auf seiner Schulter. Er strauchelte.

„Na, wen haben wir denn da?“, hörte er den Meuterer höhnisch rufen. Dann war der große Kerl bei ihm und streckte ihn mit einem weiteren Hieb nieder.

Die Machete fiel Enrique aus der Hand. Sein Kopf schien fast zu platzen. Benommen im Sand liegend blickte er zu Chavez auf, der nun auch Rahel entdeckt hatte und sie an den Haaren hinter dem Busch hervorzerrte. Schließlich saßen sie nebeneinander und der große Mann baute sich breitbeinig vor ihnen auf. Langsam zog er seinen Säbel und hielt ihn erst Rahel, dann Enrique vors Gesicht. „Ihr glaubt gar nicht", sagte er gehässig, „wie sehr ich mich freue, euch zu sehen."

18. Kapitel: Zwei Gesichter

Luis de Torres sah sofort, dass etwas nicht stimmte. Die Boote, die zum Wasserholen ausgefahren waren, kehrten zurück. Eines legte längsseits der *Santa Maria* an. „Wo ist das Mädchen? Wo ist Enrique?“, rief er Teerfratze zu, der damit beschäftigt war, das Boot mit Seilen an der Schiffswand zu vertäuen.

„Verschwunden“, antwortete Teerfratze so beiläufig, als erzähle er von einem verlorenen Enterhaken. Von der Rah des Hauptmastes wurde quietschend eine Seilwinde heruntergelassen und die Männer im Boot banden das Ende des Seils an ein Wasserfass. Nach den Fässern wurden die Boote langsam an Bord gehievt.

„Wie, verschwunden?“, hakte de Torres ungeduldig nach.

Teerfratze kletterte wie eine Katze die Bordwand hoch und stellte sich neben ihn. „Sie sind eben weg! Das Mädchen hat sich im Dschungel den Fuß verstaucht. Ich hab sie mit Enrique an den Strand zurückgeschickt. Dort sollten sie auf uns warten. Na ja, da waren sie aber nicht, als wir zurückkamen.“

„Ihr habt sie also dort zurückgelassen?“ De Torres war entsetzt.

Teerfratze hob abwehrend die Arme. „Was sollte ich denn machen? Der Admiral hat mir einen Auftrag gegeben. Den musste ich ausführen. Dafür brauchte ich aber alle Männer. So ein Wasserfass ist verflucht schwer.“

Luis de Torres schlug wütend mit der Faust auf die Bordwand. Admiral Kolumbus hatte für übermorgen die Weiterfahrt beschlossen. Was, wenn Rahel und Enrique dann noch nicht an Bord der Santa Maria waren? Vielleicht waren sie ja auf diese anderen, gefährlichen Eingeborenen gestoßen?

Er wandte sich an Teerfratze, der etwas belämmert dreinschaute. „Eine Ahnung, was mit ihnen geschehen sein könnte?"

„Keine Ahnung. Aber jemand hat unsere Boote geplündert: ein Beil, zwei Flaschen Wein, Seile und ein Bootshaken – alles weg." Teerfratze hielt kurz inne und schien zu überlegen. „Vielleicht haben sich die beiden ja gar nicht verlaufen. Was ist mit Chavez? Der Kerl hat sieben Leben, wie eine Katze. Der hat's vielleicht doch bis an Land geschafft."

Stimmt, dachte Luis de Torres und starrte Teerfratze an. Chavez! Den hatte er schon fast vergessen. Wenn Chavez auf die beiden getroffen war … Ihm schwante nichts Gutes.

Entschlossen stieg er die Treppe zum Achterdeck hinauf. Dort saß der Admiral an einem kleinen Tisch, vor sich ein Papier, auf das er die Konturen einer Küstenlinie zeichnete. De Torres erkannte einen geschwungenen Schriftzug auf dem Blatt: *San Salvador*. Kolumbus war ganz in seine Arbeit versunken, sodass de Torres sich durch ein Räuspern bemerkbar machen musste.

Der Admiral blickte lächelnd auf. „Ja, de Torres? Was gibt's?"

„Der Schiffsjunge Enrique und das Mädchen sind verschwunden. Teerfratze ist ohne sie zurückgekommen."

„Das ist aber schlecht", sagte der Admiral nur kurz und zeichnete ohne weitere Regung an der Karte.

„Wir müssen sie suchen lassen, Admiral!"

Kolumbus blickte auf und blinzelte in die tief stehende Sonne. „In einer Stunde wird es dunkel. Für eine Suche ist es jetzt zu spät. Wir haben also nur noch morgen."

„Ein Tag wird für die Suche vielleicht zu knapp sein. Die Insel ist groß und dicht bewaldet."

Kolumbus zuckte mit den Schultern.

„Wir müssen die Weiterfahrt um ein oder zwei Tage verschieben, Admiral", drängte Luis de Torres.

„Verschieben? Mein lieber de Torres, wir haben keine Zeit mehr. Die Insel ist zwar wunderschön, wie ihre Bewohner, aber sie hat einen entscheidenden Mangel: Sie besitzt kaum Gold, keine Gewürze, keine Handelsplätze. Aber genau das ist es, was ich dem König und der Königin versprochen habe. Deshalb sind wir hier. Wir müssen weiter. Die Schiffe ziehen Wasser. Wir haben vielleicht noch vier oder fünf Monate, dann kehren wir heim nach Spanien oder wir saufen ab."

„Aber wir können die beiden doch nicht ihrem Schicksal überlassen!" Luis de Torres erkannte wieder das andere Gesicht des Admirals, das eines Mannes, der über Leichen geht, um seine Ziele zu erreichen.

„Was regt Ihr Euch so auf, de Torres? Die Eingeborenen auf dieser Insel sind friedliche Leute. Sie werden ihnen nichts tun. Vielleicht haben wir auf dem Rückweg Zeit, um sie zu suchen."

„Und was ist mit den Wilden, die den Indern hier so scheußliche Verletzungen beigebracht haben? Außerdem ist Chavez vermutlich noch irgendwo da draußen."

„Ach ja, Chavez!", seufzte der Admiral. „Den hatte ich schon ganz vergessen." Dann schwieg er und wandte sich wieder der Karte zu. Die Unterhaltung schien beendet.

„Admiral! Ich bitte Euch! Das ist doch Mord!“

„Mord!“ Kolumbus sprang von seinem Stuhl auf und packte Luis de Torres beim Kragen. Dann drückte er ihn

brutal gegen die Kajütenwand. „Ihr sprecht mir nicht noch einmal von Mord, Señor!“, rief er wütend. „Wir gehen hier alle ein Risiko ein. Ich habe über Jahrzehnte alles für diese Reise geopfert. Und auch jetzt kann noch vieles passieren. Ein Sturm kann unsere Schiffe versenken, Skorbut die Mannschaft töten. Wilde und Bestien können uns überfallen. Wir laufen vielleicht auf Untiefen, auf Riffe auf. Wir alle hier sind ständig vom Tode bedroht. Das Einzige, was uns als Belohnung winkt, ist der Ruhm.“

„Und Gold!“, presste de Torres mühsam hervor.

Der Admiral glotzte ihn mit wutverzerrtem Gesicht an. Dann entspannten sich ganz plötzlich seine Züge. Sein Griff lockerte sich. Er lächelte. „Ja! Und Gold!“, flüsterte Kolumbus. „Ich habe zu viel für all das hier geopfert. Ich habe ein Recht auf Gold, de Torres!“ Der Admiral ließ von seinem Dolmetscher ab und schlenderte zum Tisch zurück. Dort ließ er sich müde auf den Stuhl plumpsen und griff wieder zur Tintenfeder. Behutsam zeichnete er weiter die Küstenlinie der Insel aufs Papier. „Morgen früh werde ich den nördlichen Teil der Insel erkunden", sagte er nach einer Weile. „Währenddessen könnt Ihr Euch auf die Suche nach den beiden Kindern machen. Bis zum Abend! Und jetzt geht mir aus den Augen!"

Stumm zog Luis de Torres sein Hemd zurecht, blickte noch einmal auf den Admiral und stürmte davon.

19. Kapitel: Die Krallenmenschen

Am Morgen brachen sie auf. Zusammen mit Teerfratze und zwei Matrosen namens Diego und Jacopo ruderte Luis de Torres zu der Stelle, wo Enrique und Rahel hatten warten sollen. Dort begannen sie, unverzüglich den Strand nach Spuren der beiden Kinder abzusuchen. Am Rand des Dschungels wurden sie fündig: Der Sand war stark aufgewühlt und in der Nähe eines Gebüsches lag eine Machete.

Als Teerfratze kurz darauf Fußspuren von mindestens drei Menschen entdeckte, die erst ein Stück den Strand entlangführten und dann im Dschungel verschwanden, erhärteten sich ihre Vermutungen.

„Dann waren die beiden also doch hier", stellte Teerfratze ernüchtert fest, „und Chavez anscheinend auch."

„Ja", entgegnete de Torres, „aber wo hat er sie hingebracht?"

„Zumindest hat er ihnen nicht hier am Strand den Garaus gemacht", warf Jacopo ein.

De Torres nickte. Er hockte sich in den Sand und griff in eine der Spuren. Wo würde ich mein Lager aufschlagen?, überlegte er. Er wusste, dass Chavez eine Armbrust und einen Säbel entwendet hatte, bevor er geflohen war. Mit der Armbrust konnte er auf die Jagd gehen. Aber er musste auch trinken. Frisches Wasser. „Wie weit ist es bis zur Quelle?", fragte er Teerfratze.

„Etwa zwei Stunden Marsch. Wieso?"

„Bei der Hitze hier muss Chavez in der Nähe einer Wasserquelle kampieren. Vielleicht finden wir ihn dort."

Teerfratze nickte gelassen und schulterte seine Hakenbüchse. „Na, dann los! Gehen wir!"

Sie stapften in den Wald. Teerfratze fand den richtigen Weg und da sie nur wenig Gepäck mithatten, kamen sie schnell voran.

Warme Nässe legte sich über de Torres' Haut, als sie den Dschungel betraten. Das Atmen fiel ihm schwer. Er schaute zu den großen, ausladenden Mahagonibäumen hinauf. In einem hellgrünen Gewölbe aus Blättern hausten zahlreiche bunte Vögel. Einzelne Sonnenstrahlen flimmerten durch das Blätterdach. Überall schien Bewe-

gung zu sein, überall Geräusche, überall Leben. Zu Füßen der Bäume bedeckten Büsche, Farne und zahlreiches Gesträuch mit riesigen Blättern den Boden des Dschungels. So dicht, dass man kaum ein paar Meter freien Blick hatte. Zu de Torres' großem Schrecken entdeckte er hin und wieder handgroße Käfer, Schlangen und merkwürdiges Getier in grellen Rot- und Gelbtönen. Ungläubig schaute er auf die nackten Füße der Männer vor sich. Wenigstens die seinen steckten in ledernen Stiefeln.

Schließlich begann es zu regnen. Zuerst hörte Luis de Torres nur ein vereinzeltes Plätschern in den weit entfernten Wipfeln. Dann wurde der Rhythmus schneller und das Tröpfeln lauter. Bald herrschte ein wahres Trommelkonzert in der grünen Dschungelkathedrale. Regentropfen nie gekannter Größe fielen ihm und den Männern auf den Kopf. Innerhalb von Sekunden waren alle bis auf die Knochen durchnässt.

Der Weg führte abwärts an einem großen See vorbei, der voller Mangroven stand und nach brackigem Wasser roch. Vom Ufer des Sees bogen sie wieder in den Wald ein. Nun stieg der Pfad steil an und die Männer mussten immer wieder über beindicke Wurzeln steigen, die wie die Knochen eines riesigen Ungeheuers halb vergraben überall aus dem weichen Erdreich hervortraten.

Zuerst undeutlich, dann immer klarer, mischte sich ein neues Geräusch unter den Trommelwirbel des Regens. Luis de Torres vernahm den freundlichen Klang sprudelnden Wassers und als er zwischen den Bäumen hindurchschaute, entdeckte er einen glitzernden Bach. Kurze Zeit später standen sie auf einer kleinen Lichtung, in deren Mitte aus einer Felsspalte klares Wasser hervorsprudelte.

Während der Regen langsam nachließ, entdeckten sie im Umkreis der Quelle Gegenstände, die nur von Chavez stammen konnten: eine Kalebasse, eine Armbrust, die gestohlenen Seile. Warum hatte sie der Meuterer zurückgelassen? Außerdem war der Boden an vielen Stellen zertrampelt, als hätte es einen Kampf gegeben. Hatten sich die Kinder in der vergangenen Nacht befreit und waren geflohen? Aber warum waren sie dann nicht zum Strand zurückgekehrt?

Luis de Torres versammelte die drei Männer um sich. „Nehmt eure Säbel und durchsucht den näheren Umkreis. Wir teilen uns in zwei Gruppen. Du kommst mit mir, Teerfratze. Seid vorsichtig! Chavez ist durchtrieben. Wir treffen uns in einer Stunde hier bei der Quelle wieder.“ Die Männer nickten und gingen in verschiedene Richtungen auseinander.

Schon bald merkte Luis de Torres, dass sie auf diese Art nicht weiterkamen: Der Dschungel war zu dicht, um etwas zu finden. Selbst Dinge, die sich nur eine Armlänge entfernt von ihnen befanden, waren oft unsichtbar für sie. Enttäuscht kehrten er und Teerfratze nach der vereinbarten Zeit zum Treffpunkt zurück. Diego und Jacopo waren noch nicht da.

Nachdem eine halbe Stunde verstrichen war, begannen sie laut die Namen der Männer zu rufen. Nichts. Hatten sie sich verlaufen? De Torres und Teerfratze horchten in den Dschungel, aber außer den Geräuschen und Bewegungen des Waldes war nichts zu hören und zu sehen.

„Vielleicht ist Chavez gerissener, als wir dachten, und hat sie erwischt“, murmelte Teerfratze und stopfte seine Hakenbüchse mit Pulver und Kugel. „Sie müssten längst wieder zurück sein und …“ Er verstummte plötzlich und legte einen Finger auf die Lippen.

„Was ist?“, flüsterte de Torres und lauschte angestrengt.

Teerfratze stand langsam auf und drehte seinen Kopf, Gefahr witternd, von links nach rechts.

De Torres trat neben ihn, griff hektisch nach seinem Säbel und blickte sich lauernd um. „Was?“, fragte er nochmals und stupste den Matrosen dabei in die Seite.

„Da schreit doch jemand“, knurrte Teerfratze und legte langsam seine Hakenbüchse an.

„Kannst du ausmachen, wo?“ De Torres fühlte, wie sich seine Nackenhaare aufrichteten.

„Nein, nicht genau. Wartet …“ Teerfratze drehte sich halb um und starrte in die grüne Dunkelheit des Dschungels.

Dann hörte Luis de Torres es auch. Da schrie und jammerte jemand, der gleichzeitig näher kam. Die Stimme kam ihnen bekannt vor. War das nicht Diego? Seine Schreie vermischten sich mit dem Knacken morschen Holzes und dem Klatschen nasser Blätter. Die beiden Männer starrten gespannt in die Richtung, aus der sich der klagende Mensch näherte.

Da! Nur wenige Meter vor ihnen brach jemand stolpernd durchs Unterholz und fiel der Länge nach hin. Es war Diego! Seine Kleidung war an vielen Stellen zerrissen und auf seinem Rücken war Blut. Schwer atmend versuchte Diego sich aufzurichten, während er gleichzeitig immer wieder panisch hinter sich blickte.

Luis de Torres sprang zu ihm, drehte ihn vorsichtig um und legte den Kopf des Verletzten in seinen Schoß. „Was ist geschehen?“

Diego verdrehte die Augen. Bevor er etwas sagen konnte, trat gelblicher Schaum aus seinen Mundwinkeln. Gurgelnd stieß er ein paar Worte hervor, deren Bedeutung de Torres nicht verstand. Mehrmals forderte er Diego auf, sie zu wiederholen. Schließlich glaubte er, verstanden zu haben.

„Was sagt er?“, fragte Teerfratze ungeduldig. Die Hakenbüchse fest umklammert, behielt er die Stelle im Blick, an der Diego aus dem Dschungel gebrochen war.

„Ich bin mir nicht sicher, aber ich glaube, er hat so etwas wie *Krallenmenschen* gesagt.“

Mit letzter Kraft griff Diego nach de Torres' Hemd und versuchte, sich daran hochzuziehen. Als er einige Worte hervorgurgelte, sprudelte wieder gelbliche Flüssigkeit aus seinem Mund.

Aber so sehr de Torres sich auch anstrengte, er verstand ihn nicht. Dann wurde Diegos Hand auf einmal schlaff und sein Körper entspannte sich. Er war tot.

20. Kapitel: Gelähmt

Alles war so schnell gegangen in der vergangenen Nacht. Rahel hatte Mühe, sich an die Geschehnisse der letzten Stunden zu erinnern. Dieser elende Chavez hatte sie in den Wald entführt und obwohl Enrique sie gestützt hatte, war ihr Fuß wieder schmerzhaft angeschwollen.

Nach und nach war die Dunkelheit der Nacht mit der Düsternis des Dschungels in ein undurchdringliches Schwarz verschmolzen. Als sie schließlich auf einer Lichtung angekommen waren, in deren Mitte eine Quelle sprudelte, hatten sie sich erschöpft niedergelegt und Chavez hatte sie an einen Baum gefesselt. Rahel war sofort in einen tiefen, traumlosen Schlaf gefallen. An das, was dann geschehen war, konnte sie sich nur noch in Bruchstücken entsinnen.

Sie war erwacht, irgendwann in der letzten Nacht. Feuchter Nebel hatte über der Lichtung gelegen und plötzlich war überall Bewegung gewesen: Knistern und Rascheln. Chavez war nirgends zu sehen gewesen. Schemenhaft hatten sich schleichende Gestalten gezeigt. Rahel war erstarrt. Entsetzen hatte sie gepackt, denn die Schatten waren klein wie die von Kindern. Sie waren flink und gebückt umhergelaufen, offenbar mit kurzen Speeren in den Händen. Dabei kommunizierten sie mit einem eigenartigem Flöten und Pfeifen, das sich in die Geräuschkulisse des Dschungels einfügte.

Rahel hatte wild an ihren Fesseln gezerrt, um Enrique zu wecken, der mit ihr an den Baumstamm gebunden war. Sofort hatte auch er die Wesen bemerkt. Ihre Körper waren kräftig und stämmig und ihre Köpfe eigenartig zerzaust. Sie waren auf Rahel und Enrique zugekommen. Ihr Pfeifen und Flöten hatte Rahel schmerzhaft in den

Ohren geklungen. Kurz bevor sie einen kleinen Stich in ihrem Oberarm gefühlt hatte, sah sie noch, dass diese seltsamen Gestalten sehr lange Fingernägel hatten, die wie Krallen aussahen. Dann war alles schwarz um sie geworden.

Das Erste, was sie sah, als sie aufwachte, war das Meer. Kühle Luft streifte über ihr Gesicht. Sie lag mit dem Rücken im Sand, war nicht gefesselt, konnte sich aber dennoch kaum bewegen. Nur Kopf und Nacken schienen ihren Befehlen zu gehorchen. Die Sonne stand hoch am Himmel. Neben ihr lag Enrique. Er schien in der gleichen Verfassung zu sein wie sie selbst. Chavez war immer noch nicht zu sehen. „Enrique? Was ist geschehen?“, flüsterte sie aufgeregt. „Was geht hier eigentlich vor sich?“

Enrique drehte ihr sein Gesicht zu. In seinen Augen erkannte Rahel Angst. „Irgendwas hat uns gestern Nacht überfallen und hierhergebracht“, wisperte er. „Diese Wesen sind irgendwo hinter uns. Ich kann sie hören, aber nicht sehen.“

Rahel streckte ihren Hals und drehte ihn so weit es ging nach hinten. Aus ihren Augenwinkeln erkannte sie eine Reihe von Kanus, die nebeneinander am Strand lagen. Dann hörte sie leises Reden. Zu ihrer Überraschung war da auch eine Stimme, die offensichtlich spanisch sprach und immer wieder weinerlich etwas wiederholte. Rahel konnte allerdings nichts verstehen. Beantwortet wurde dieses Gewinsel von Gekicher und Gegacker.

„Ist das Chavez?“, fragte Rahel unsicher.

„Ja. Ich habe gehört, wie sie ihn geholt haben. Seitdem versucht er, unser Leben gegen das seine einzutauschen. Aber diese Gestalten scheinen nicht darauf einzugehen. Rahel …“, die Augen von Enrique weiteten sich, als er das Mädchen ansah, „… ich glaube, das sind diese Gog und Magog, die die Eingeborenen dieser Insel überfallen und fressen. Sie haben sich befreit. Und jetzt sind wir dran! Chavez ist der Hauptgang und wir die Nachspeise.“

Rahel kniff vor Grauen ihre Augen zusammen. Als sie sie wieder öffnete, blickte sie auf das weite blaue Meer. Plötzlich war da ein unglaublich starker Drang zu leben. Sie mussten hier verschwinden. Aber wie? Sie verdrängte die aufsteigende Panik und versuchte nachzudenken.

„Kannst du deinen Kopf bewegen?“, fragte sie Enrique, ohne auf seine Vermutung näher einzugehen.

„Ja. Und meine linke Hand. Wenn ich mit der an meinen Oberschenkel tippe, fühlt er sich an wie ein prall gefüllter Lederbeutel.“

„Diese Wesen haben uns mit irgendetwas betäubt. Beweg deine Hand! Konzentrier dich darauf! Wir müssen wieder die Kontrolle über unsere Körper bekommen.“

Rahel spürte ein Kribbeln in ihrem verletzten Fuß. Ausgerechnet, dachte sie. Die Schmerzen kehrten zurück. Trotzdem begann sie, ihn hin und her zu drehen. Wie erwartet, kletterte das Kribbeln ihr Bein hinauf.

„Ich kann meinen Arm wieder bewegen!“, flüsterte Enrique.

„Und ich mein Bein. Mach weiter! Wir müssen diese Lähmung abschütteln.“

Trotz ihrer andauernden Bemühungen erwachten ihre Glieder nur langsam. Aber Rahel und Enrique gaben nicht auf. Immer mehr Köperteile gehorchten ihnen wieder und nach einer Weile gelang es Rahel, sich auf den Bauch zu rollen.

Jetzt konnte sie den hinter ihr liegenden Teil des Strandes sehen, von wo das jämmerliche Winseln zu ihnen gedrungen war. In einiger Entfernung saßen ein paar Gestalten zusammen um ein Feuer herum. Eine Reihe von Speeren steckte im Sand.

Sind also doch nur Menschen, dachte Rahel beruhigt. Sie hörte, dass die Männer miteinander sprachen und dabei immer wieder aufs Meer deuteten. Dort aber konnte Rahel nichts entdecken. Auch von Chavez war nichts mehr zu hören oder zu sehen.

„Was ist mit dir? Gehorchen dir deine Glieder wieder?“, fragte sie Enrique.

„Ja, bis auf meinen linken Oberschenkel. Der fühlt sich immer noch taub an.“

„Egal! Wir müssen von hier verschwinden. Wir kriechen jetzt langsam zum Rand des Dschungels. Von dort aus laufen wir weg!“

Enrique nickte. „Dann los!“

„Halt! Was ist mit Chavez?“

„Der Kerl ist nicht gerade mein bester Freund“, raunte Enrique verärgert.

„Sollen wir ihn hier zurücklassen?“

„Wenn wir hier bleiben, können wir gar nichts für ihn tun. Und am Ende sind wir selbst dran. Also los. Auf drei.“

„Auf drei!“, wiederholte Rahel. „Eins ... zwei ... drei!“

21. Kapitel: Auf der Flucht

Nachdem sie Diego beerdigt hatten und Jacopo immer noch verschwunden blieb, beschlossen Luis de Torres und Teerfratze, ihn zu suchen. Sie liefen ziellos durch den Dschungel und fühlten sich dabei wie Wild, das gejagt wurde.

Irgendwann stoppten sie erschöpft und de Torres blickte sich suchend in alle Richtungen um. „Wir finden ihn einfach nicht", keuchte er atemlos.

„Es nützt nichts, wenn wir hier wie die Idioten durch den Wald hetzen. Wir müssen zum Strand zurück", entgegnete Teerfratze und streckte seinen Kopf witternd in die Höhe. „Nur so kommen wenigstens wir heil zum Schiff zurück."

„Und wo ist der Strand? Wie sollen wir dorthin finden?", fragte de Torres verzweifelt und blickte zum Laubdach empor. Die Sonne war nicht zu sehen. „Wir können die Himmelsrichtung nicht bestimmen."

„Doch! Hiermit!", erwiderte Teerfratze und zog triumphierend einen Kompass aus seinem Beutel hervor.

„Woher hast du den denn?" Luis de Torres war wie vom Donner gerührt. Ein Kompass war teuer und dieser hier gehörte zweifellos nicht Teerfratze.

„Ist der Ersatzkompass der *Santa Maria.* Ich dachte, wenn uns hier was passiert, werden wir das Schiff eh nicht wiedersehen … und wenn nicht, na dann lege ich ihn einfach wieder zurück und hoffe, dass es keiner gemerkt hat."

„Wenn der Admiral das rausbekommt, wird's mächtigen Ärger geben."

„Immer noch besser als auf dieser Insel zu verrotten!" Teerfratze wischte kurz mit seinem Ärmel über das Glas des Kompasses und sagte dann grinsend: „Da lang, Señor!"

„Da lang", wiederholte Luis de Torres erleichtert und folgte Teerfratze.

Dank des Kompasses fanden sie einen Weg aus dem Urwald. Nach ein paar Stunden traten sie an den Strand. Teerfratze kontrollierte noch einmal die Richtung, deutete nach Osten und stapfte mit großen Schritten durch den Sand davon. De Torres war erschöpft. Mehrmals rief er dem Matrosen zu, nicht so ein Höllentempo vorzulegen.

„Wenn Señor einen Blick auf die Sonne werfen wollen", entgegnete Teerfratze mürrisch. „Ich denke, dass wir nur noch wenige Stunden bis Sonnenuntergang haben. Bis dahin will ich wieder an Bord der *Santa Maria* sein."

Teerfratze hatte recht. Fluchend riss sich de Torres zusammen und versuchte, Schritt zu halten.

Währenddessen schlichen Enrique und Rahel in Richtung Dschungel. Die Krallenmenschen hatten noch nicht bemerkt, dass sie fort waren. Als beide den Rand des Waldes erreichten, blieb Enrique plötzlich stehen. „Wir können nicht einfach in den Urwald laufen!"

„Warum nicht?" Rahel schaute ihn überrascht an.

„Na, schau uns doch nur an: Du mit deiner Verstauchung und ich mit meinem lahmen Oberschenkel. So kommen wir nicht weit."

„Und was willst du stattdessen machen?", flüsterte Rahel empört.

„Hier bleiben!"

„Hier bleiben? Du spinnst wohl."

„Hör zu! Diese Krallenmenschen werden sicher bald entdecken, dass wir geflohen sind. Dann werden sie aufgeregt in den Dschungel laufen, um uns zu suchen. Wir sind aber hier am Strand. Und genau das werden wir nutzen, um uns eines ihrer Boote zu schnappen und über das Wasser zu flüchten. Bis die merken, was los ist, sind wir weg."

Rahel glotzte Enrique an und trat gedankenlos auf ihren verletzten Fuß. Sie stöhnte auf. Wahrscheinlich hatte Enrique recht. „Und wo sollen wir uns verstecken?"

„Siehst du den umgestürzten Baum da vorn? Wir verstecken uns dahinter und bedecken uns mit den herumliegenden Palmblättern."

Rahel warf einen Blick auf die Krallenmenschen, die immer noch um das Feuer saßen. Lange würde es nicht mehr dauern, bis sie das Verschwinden ihrer Gefangenen bemerkten.

„Also los!“, raunte sie Enrique zu und gemeinsam humpelten sie zu dem alten Baumstamm. Schnell hatten sie sich dahinter verborgen und mit Palmblättern und sonstigem Gesträuch zugedeckt. Von ihrer Position aus konnten sie die Krallenmenschen sogar am Feuer beobachten.

Rahel versuchte, ihre Angst unter Kontrolle zu halten. Sie konnte nicht einfach so daliegen und warten. Deshalb kniff sie dem neben ihr liegenden Enrique in den Oberarm.

„Aua! Was soll das?“, zischte der und warf ihr einen ärgerlichen Blick zu.

„Ich habe Angst!“

„Meinst du, ich nicht?“, erwiderte Enrique und spähte wieder zu den Krallenmenschen hinüber. „Achtung, es geht los!“

Einer der Männer am Lagerfeuer war aufgestanden und blickte dorthin, wo Rahel und Enrique liegen sollten. Er reckte den Hals und trat aus dem Kreis seiner Kumpanen hervor. Dann ging er ein Stück. Mit einem Mal brüllte er mit wedelnden Armen los und die ganze Horde sprang auf. Aufgeregt gestikulierend liefen sie den Strand entlang, schauten sich suchend um, griffen nach ihren Speeren und hasteten in Richtung Dschungel. Einige von ihnen liefen nur wenige Meter an Rahel und Enrique vorbei, die ihre Köpfe tief in den Sand pressten und fast nicht zu atmen wagten.

Dann waren sie fort. Rahel hörte noch einige Augenblicke ihr lautes Rufen, das langsam vom Dschungel verschluckt wurde und schließlich vollständig erstarb. „Sind sie weg?", fragte sie Enrique, der seinen Kopf ein wenig erhoben hatte und aus dem Blätterberg spähte.

„Wollen wir's hoffen. Komm jetzt, bevor sie merken, dass wir sie zum Narren gehalten haben."

Daraufhin sprang Enrique überraschend schnell auf, griff Rahel unter die Arme und führte sie so zügig wie möglich zum Strand.

Als sie das verlassene Lagerfeuer der Krallenmenschen erreichten, entdeckte Enrique überall im Sand verteilt goldene Münzen. Sie kamen ihm seltsam bekannt vor.

„Das ist mein Gold! Das, was Chavez mir während meiner Gefangenschaft abgenommen hat", entfuhr es ihm. Plötzlich umarmte er Rahel und wirbelte sie im Kreis herum. Dann ließ er sie einfach zu Boden plumpsen und begann, alles Gold aufzusammeln, dessen er habhaft werden konnte. Der lädierte Oberschenkel schien dabei kein Hindernis zu sein.

„Hör auf damit, du Trottel! Wir müssen hier weg!", schimpfte Rahel.

„Sofort. Nur noch diese paar Goldmünzen hier!" Enrique war kaum wiederzuerkennen. Er kroch auf allen vieren herum und durchwühlte verzweifelt den Sand. „Das kann man doch nicht hier liegen lassen!"

Rahel nahm all ihren Willen zusammen und richtete sich auf. Dann wankte sie zu den Booten. „Komm jetzt bitte, Enrique! Wir haben keine Zeit mehr!", rief sie verzweifelt und wandte sich dem Suchenden zu. „Das Gold wird dir genauso wenig nützen, wie es Chavez genützt hat."

Mit einem Fluch stand Enrique auf, griff sich Chavez' Machete, die neben der Feuerstelle lag, und folgte ihr. „Das schöne Gold! Da liegt noch jede Menge im Sand herum“, jammerte er und blickte immer wieder verzweifelt zurück. Dennoch griff er Rahel stützend unter die Arme. „Das schöne Gold!“

Zusammen humpelten sie auf die Kanus zu. Die Boote wurden bereits von Wasser umspült. Die Flut würde bald kommen.

Da zuckte Rahel zusammen: Neben den Booten lag jemand. Sie brauchten nicht lange zu rätseln, wer es war: Chavez!

22. Kapitel: Zurück zum Schiff

Wasser umspülte Chavez' massigen Körper. Seine Beine waren weit gespreizt und an Pflöcken festgebunden. Ebenso die Arme. Die Flut trieb immer mehr Wellen über sein Gesicht, sodass er röchelnd spucken musste. Das also hatten die Krallenmenschen mit Chavez vorgehabt: Er sollte qualvoll ertrinken. Die Flut hatte ihn erreicht und es war unschwer zu erkennen, dass der Meuterer mit dem Tode kämpfte. Auf seiner Brust saß eine Krabbe, die träge in Richtung Kopf krabbelte.

„Der Heiligen Jungfrau sei Dank! Ihr seid es!", prustete er und spuckte dabei eine Ladung Wasser aus. „Helft mir!"

Enrique, der Rahel bereits in eines der Kanus geholfen hatte, trat langsam auf Chavez zu. Eine weitere Welle spülte über dessen angstverzerrtes Gesicht. „Warum solltest wir dir helfen?", fragte Enrique ruhig.

„Weil es eure Pflicht als Christenmenschen ist!"

„Was passiert, wenn wir dich befreien?"

„Nichts. Dann stehe ich in eurer Schuld. Ich werde alles machen, was ihr verlangt, Enrique. Ehrenwort! Bitte! Schneid mich los!"

Rahel warf einen ängstlichen Blick zurück zum Rand des Dschungels. Noch war nichts zu sehen. „Nun mach schon, Enrique! Bind ihn los! Er ist kräftig. Er kann uns beim Rudern helfen."

„Ja … rudern …", blubberte Chavez, der gerade wieder unter einer Welle verschwand.

„Ich traue ihm nicht", sagte Enrique trotzig.

„Ich auch nicht! Aber momentan haben wir drei ein gemeinsames Problem. Also mach!", befahl Rahel.

Widerwillig griff Enrique nach der Machete und hieb die Fesseln durch.

Sofort war Chavez auf den Beinen, schlug mit einer schnellen Handbewegung die Krabbe von seiner Brust und trat darauf herum. „Zuerst hole ich mir mein Gold zurück!“, rief er mit Wahnsinn in den Augen, schubste Enrique um und rannte zurück zur Feuerstelle.

„Mein Gold!“, schrie Enrique empört und beobachtete, wie Chavez den Strand hinauflief. Dort fiel er wie zuvor Enrique auf alle viere und suchte nach den restlichen herumliegenden Münzen.

„Die gehören mir, sage ich!“, brüllte Enrique noch einmal und als er gerade losrennen wollte, um Chavez sein Gold abzunehmen, hörte er Rahel, die wie von Sinnen schrie: „Dort! Die Krallenmenschen kehren zurück!“

Enrique warf einen Blick auf den Dschungelrand und sah voller Entsetzen, wie die Krallenmenschen flink aus dem dichten Grün herausstürzten und auf Chavez zuliefen. Sofort sprang Enrique zu dem Kanu und versuchte, es ins Wasser zu schieben. Aber so sehr er sich auch anstrengte, er rückte es kaum von der Stelle. Zudem bereitete ihm sein lahmer Oberschenkel immer noch Schwierigkeiten.

Inzwischen hatten die Krallenmenschen Chavez erreicht. Immer verzweifelter schob Enrique das Boot an und stellte voller Panik fest, dass neben ihm Speere in den nassen Sand fielen. Er drehte sich um und sah, wie sich die Krallenmenschen in breiter Front auf sie zu bewegten. Aus, dachte er nur noch. Aus!

Ein lauter Knall ließ Enrique zusammenzucken. Donnerte es? Nein, unmöglich: Der Himmel war bis auf ein paar Wolken strahlend blau. Als er den Strand entlangsah, erkannte Enrique in einiger Entfernung zwei Männer auf sie zulaufen. Der vordere brüllte wie von Sinnen und wirbelte mit einem Säbel herum, während der andere zurückgeblieben war und an irgendetwas Länglichem herumhantierte. Kein Zweifel: Es waren Luis de Torres und Teerfratze. Letzterer musste seine Hakenbüchse abgefeuert haben und war nun dabei, sie wieder zu laden.

Enrique warf seinen Kopf herum und konnte kaum fassen, was er sah: Die Krallenmenschen waren stehen geblieben. Sie riefen aufgeregt durcheinander und wichen sogar zurück. Der Schuss aus der Hakenbüchse musste sie maßlos erschreckt haben. Dazu kam noch de Torres, der sich wie ein Verrückter gebärdete.

„Los! Ins Boot!“, schrie dieser, als er Rahel und Enrique erreichte.

„Ich kriege es nicht vom Ufer! Zu schwer“, antwortete Enrique verzweifelt.

Inzwischen war auch Teerfratze herangekommen und richtete seine Hakenbüchse gegen die Krallenmenschen, die ihn verängstigt musterten. „Hier, Enrique!“, rief er. „Nimm du die Hakenbüchse! Wenn sie näher kommen sollten, drückst du die Lunte auf das Pulver. Und bete, dass das Pulver durch den Regen nicht zu nass ist.“ Er drückte Enrique die Waffe und die glimmende Lunte in die Hand und begann mit de Torres, das Kanu ins Wasser zu schieben. Dann stiegen sie ein.

„Komm, Junge!“, befahl de Torres.

Ohne die Krallenmenschen aus den Augen zu lassen, humpelte Enrique langsam rückwärts. Er stieg ins Boot. Im selben Moment stießen de Torres und Teerfratze die

Paddel ins Wasser und setzten es in Bewegung. Immer schneller entfernten sie sich vom Strand.

Bei den Krallenmenschen hatte sich inzwischen eine Gestalt aus der Gruppe gelöst, die nun die anderen anstachelte, die Flüchtenden zu verfolgen. Laut schreiend sprangen einige zu ihren verbliebenen Kanus und schoben sie ins Wasser.

Wider Erwarten war de Torres ein guter Paddler und zusammen mit Teerfratze schafften sie es, einigen Abstand zwischen sich und ihre Verfolger zu bringen. Rahel hatte sich ebenfalls über die Bootswand gebeugt und benutzte ihre Hände zur Unterstützung. Enrique aber stand am Heck und zielte mit der Hakenbüchse über die Köpfe der Krallenmenschen. Obwohl der Vorsprung gut war, verringerte er sich erschreckend schnell. Als die ersten Speere neben ihnen ins Wasser platschten, nahm Enrique den vordersten Verfolger ins Visier, wartete noch ein wenig, schloss die Augen und drückte ab. Nichts geschah! Wie befürchtet, war das Pulver zu nass, um noch zu zünden.

„Vergiss es!", rief Teerfratze. „Hilf lieber paddeln!"

Aber es war unmöglich für die Gruppe, den Krallenmenschen zu entkommen. Mit dem Mut der Verzweiflung durchfuhren sie ein Riff und erreichten das offene Meer. Ihre Verfolger hatten weiter aufgeholt und Enrique erkannte ihre bunt bemalten Gesichter, die ihn irgendwie an Raubtiere erinnerten.

Das vorderste Kanu war nun dicht herangekommen und nur mit Glück konnte Enrique dem Stoß eines Speers ausweichen.

Plötzlich aber hielten die Verfolger inne und fielen deutlich zurück. Ein lauter Donner dröhnte durch die Luft. Dann noch einer. Neben den Booten der Krallenmenschen stiegen Wasserfontänen in die Höhe. Mit lautem Geschrei wendeten sie ihre Boote und ruderten zum Strand zurück.

Enrique blickte verblüfft aufs Meer. Da waren sie: die *Santa Maria*, gefolgt von der *Niña* und der *Pinta*! Vom Deck der *Santa Maria* quollen Rauchwolken hervor. Die Schiffe waren unbemerkt in Schussweite gesegelt. Zweifellos war der Admiral wie angekündigt aufgebrochen, um die nördliche Seite der Insel zu erkunden. Auf ihrem Rückweg kamen sie an dieser Bucht vorbei.

Teerfratze, Luis de Torres und Rahel begannen laut zu jubeln und Enrique betete ein *Vaterunser*. Sie hatten es geschafft. Sie waren gerettet.

Epilog

Sie hatten es tatsächlich geschafft. Wenig später waren sie wieder an Bord der *Santa Maria*. Chavez aber mussten sie zurücklassen. Was aus ihm geworden war, darüber mochten sich Rahel und Enrique lieber keine Gedanken machen. Seine Gier hatte ihn ins Unglück gestürzt. Eine Tatsache, die besonders Enrique nicht mehr aus dem Kopf ging.

Die Flotte des Admirals aber fuhr Woche für Woche weiter. Sie sichtete viele Inseln wie Kuba und kurz darauf auch Hispaniola. In der lauen Mondnacht des 24. Dezembers 1492 lief die *Santa Maria* dort auf Grund und musste aufgegeben werden. Kolumbus war gezwungen, seine Männer auf der Insel zurückzulassen, und gründete so die erste Stadt in der Neuen Welt. Er nannte sie *La Navidad*, was Weihnachten bedeutet.

Teerfratze und Luis de Torres gehörten zu den Männern, die in *La Navidad* zurückblieben. Als Kolumbus fast ein Jahr später dorthin zurückkehrte, fand er nur noch Trümmer vor. Die Männer der *Santa Maria* hatten in ihrer Sucht nach Gold einen Krieg mit den Eingeborenen begonnen und ihn verloren.

Zeit seines Lebens konnte Kolumbus nicht glauben, dass er gar nicht Asien von Westen her betreten, sondern einen neuen Kontinent entdeckt hatte. Auch drei weitere Reisen konnten ihn nicht von seiner Meinung abbringen. Seine Leistung aber maßen die Mächtigen seiner Zeit an seinen Versprechungen, auf dem westlichen Seeweg nach Asien zu gelangen und dort Reichtümer zu beschaffen. Beides war ihm nicht gelungen. Er hatte zwar Land im

Westen entdeckt, aber welches, das wusste niemand. Und Gold fand der Admiral auf seinen Reisen auch nicht in dem Maße, wie er es erhofft hatte.

So verlor Christoph Kolumbus zunehmend an Ansehen und starb schließlich im Jahr 1506 verbittert und verarmt in dem Städtchen Valladolid in Spanien. Über die Geschehnisse auf *San Salvador*, oder *Guanahani*, wie es die Eingeborenen nannten, verlor er nie ein Wort in seinem Schiffstagebuch. Er war sehr darauf bedacht, seine Entdeckungen im besten Licht zu schildern.

Rahel ging nach ihrer Ankunft in Portugal im Frühjahr 1493 von Bord und machte sich auf den Weg nach England, dem ursprünglichen Ziel ihrer Reise. Dort wohnte ihr Onkel, ein Kartenzeichner wie ihr Vater, der sie bei sich aufnahm. Das Gold, um die Reise zu bezahlen, hatte sie von Enrique bekommen. Sie lebte noch viele Jahre und half ihrem Onkel bei der Ausschmückung prächtiger Karten einer neuen Welt, die sich immer mehr den europäischen Augen enthüllte.

Enrique ging ebenfalls in Portugal an Land. Er kehrte nie mehr nach Spanien zurück und beschloss, als Laienbruder in ein Kloster einzutreten. Dort ist er als hochbetagter Greis gestorben. Sein Oberschenkel ist übrigens nie wieder ganz erwacht.

Wörter, die ihr vielleicht nicht kennt

Achterdeck	erhöhtes, hinteres (→) Deck eines Schiffes
achtern	hinten (Seemannssprache)
Admiral	Befehlshaber
Amazonen	mythisches Frauenvolk aus der klassischen Antike
Amulett	Glücksbringer
anheuern	anwerben, einstellen, in Dienst nehmen, den Dienst antreten
Ausguck	Seemann, der Ausschau hält
Ave-Maria	Gebet der katholischen Kirche zur Anrufung Marias
Bombarde	Steinschleudermaschine, frühe Form einer Kanone
Bord	Seite, Rand bzw. (→) Deck eines Schiffes; im übertragenen Sinn Bezeichnung für „Schiff"
Brüstung	Schutzwand

Bug	vorderer Teil eines Schiffes
Bugkastell	vorderer Aufbau eines Schiffes
Christoph Kolumbus	lebte von 1451 bis 1506; berühmter Seefahrer in spanischen Diensten; ihm wird die Wiederentdeckung Amerikas zugeschrieben
Cipangu	frühere Bezeichnung für Japan
Davidstern	Symbol der jüdischen Religion
Deck	bezeichnet die (→) Planken, die den Schiffskörper von oben bedecken
Dünung	Seegang, der durch Wind hervorgerufen wird
Enterhaken	stabile Stange mit einem oder mehreren Haken an einem Ende
Ferdinand II. von Aragón	lebte von 1452 bis 1516; war von 1479 bis 1516 König von Aragón und durch Heirat mit (→) Isabella I. von Kastilien auch König dieses Reiches; durch Vereinigung beider Königreiche wurde das spanische Königreich gegründet; trug den Beinamen „der Katholische“

Flotte	mehrere Schiffe, die zusammen segeln
Fockmast	bei mehrmastigen Schiffen der vorderste (→) Mast
Gloria	Lobgesang in der katholischen Messe
Gog	wie (→) Magog ein Sagenvolk aus der Bibel
Gouverneur	Statthalter; verwaltet erobertes Land
Graupen	geschälte und polierte Gersten- oder Weizenkörner
Großmast	bei dreimastigen Schiffen der mittlere (→) Mast
Guanahani	Name der Insel, die (→) Christoph Kolumbus am 12. Oktober 1492 betrat
Hakenbüchse	frühere Handfeuerwaffe
Hauptdeck	(→) Deck auf dem (→) Rumpf eines Schiffes
Hauptmast	andere Bezeichnung für (→) Großmast

Heck	hinterer Teil eines Schiffes
Heilige Katharina	lebte im 3. oder 4. Jahrhundert; eine der bekanntesten katholischen Heiligen; eine der 14 Nothelfer
Heiliger Nikolaus	lebte im 4. Jahrhundert; war Bischof in Kleinasien; Schutzpatron der Kaufleute und Seefahrer
Isabella I. von Kastilien	lebte von 1451 bis 1504; war von 1474 bis 1504 Königin von Kastilien und durch Heirat mit (→) Ferdinand II. von Aragón auch Königin dieses Reiches; trug den Beinamen „die Katholische“
John Mandeville	verfasste im 14. Jahrhundert einen erlogenen Reisebericht über das Heilige Land und den Fernen Osten
Kajüte	Wohnraum auf einem Schiff
Kalebasse	Trinkgefäß, das aus der ausgehöhlten und getrockneten Hülle eines Kürbises hergestellt wird
Kalfaterer	Person, die dafür sorgt, dass das Schiff dicht bleibt, indem sie die (→) Planken mit Teer oder Pech abdichtet

Kanaren	Inselgruppe im Atlantik
Kardinal	Titel der höchsten katholischen Würdenträger nach dem Papst
Kartograf	Landkartenzeichner
Kastell	Aufbau eines Schiffes
Kiel	Grundbalken, also sozusagen das Rückgrat eines Schiffes
Knoten	(→) Seemeile je Stunde
Koje	Schlafstelle eines Schiffes
Kombüse	Küche eines Schiffes
Kompass	Gerät zur Bestimmung der Himmelsrichtung
koscher	jüdischer Begriff für Essen, das Juden nach ihren Speisegesetzen essen dürfen
Krähennest	Aussichtsplattform auf dem (→) Mast eines Schiffes
Küfer	Person, die Gefäße und Behälter herstellt

Laienbruder	Ordensmann ohne Priesterweihe
Log	Fahrgeschwindigkeitsmesser eines Schiffes
Logbuch	Schiffstagebuch
Luis de Torres	starb im Jahr 1493; war als Dolmetscher für Hebräisch, Chaldäisch (iranische Sprache) und Arabisch tätig; war vermutlich Jude, der sich erst kurz vor der Abreise taufen ließ
Lunte	langsam glimmende Zündschnur
Machete	Buschmesser
Magog	wie (→) Gog ein Sagenvolk aus der Bibel
Mangrove	tropischer Baum, der in salzhaltigem Wasser wächst
Maravedí	Münze im alten Portugal und Spanien
Marco Polo	lebte von 1254 bis 1324; berühmter Händler, der viele Reisen unternahm und ganz Asien von West nach Ost durchquerte

Martin Alonso Pinzón	lebte von 1441 bis 1493; Kapitän der Pinta; stammte aus reicher Kaufmannsfamilie, die (→) Christoph Kolumbus die Schiffe für die Expedition zur Verfügung stellte; war während der Fahrt sechs Wochen von der (→) Flotte verschwunden; Kolumbus verdächtigte ihn des Verrats; auch auf Rückreise von der Flotte getrennt, lief aber wie Kolumbus am 15. März 1493 in den Hafen von Palos ein
Mast/Mastbaum	hoch aufragende Stange, die die (→) Rah trägt
meutern/ Meuterei	Seeleute stürzen gewaltsam ihren Kapitän; Revolte
Nao	alter Schiffstyp
Pedro Gutiérrez	nahm als (→) Truchsess des spanischen Königspaares an der ersten Reise (→) Christoph Kolumbus' teil
Planke	starkes Brett; Balken
Rah/Rahe	Querstange am (→) Mast, an der das Segel hängt
Reling	Geländer eines Schiffes; (→) Brüstung

Rodrigo de Escobedo	nahm als Notar an der ersten Reise (→) Christoph Kolumbus' teil
Rodrigo de Xeres	nahm als Matrose an der ersten Reise (→) Christoph Kolumbus' teil
Rodrigo Sanchez de Segovia	nahm als königlicher Beobachter an der ersten Reise (→) Christoph Kolumbus' teil
Rumpf	Körper eines Schiffes; verleiht dem Schiff seine Schwimmfähigkeit
Salve Regina	an die Gottesmutter gerichteter Gesang
Seemeile/Meile	Maßeinheit in der Schifffahrt; 1 Seemeile = 1852 m
Skorbut	Vitaminmangelkrankheit
Steuerbord	rechte Seite eines Schiffes (von hinten gesehen), im Gegensatz zu Backbord (linke Seite)
Truchsess	einflussreicher Beamter des Königs
Unterdeck	durchgehender Raum im (→) Rumpf eines Schiffes
vertäuen	festmachen

Vettel	abwertendes Wort für eine alte, ungepflegte Frau
Vincente Pinzón	lebte vermutlich von 1460 bis 1523; war Kapitän der Niña und jüngerer Bruder von (→) Martin Alonso Pinzón; segelte 1499 zur südamerikanischen Küste und wurde 1505 zum (→) Gouverneur von Puerto Rico ernannt
Wanten	starke Taue, die den (→) Mastbaum seitlich abstützen